诸子百家闪耀时

一次读懂中国哲学

林欣浩 著

人民文学出版社　天天出版社

图书在版编目（CIP）数据

诸子百家闪耀时 / 林欣浩著. -- 北京：天天出版社，2020.8（2024.4 重印）
（一次读懂中国哲学）
ISBN 978-7-5016-1626-8

Ⅰ.①诸… Ⅱ.①林… Ⅲ.①先秦哲学 – 青少年读物 Ⅳ.①B22-49

中国版本图书馆CIP数据核字(2020)第090827号

责任编辑：郭　聪　　　　　　　美术编辑：林　蓓
责任印制：康远超　张　璞

出版发行：天天出版社有限责任公司
地　址：北京市东城区东中街42号　　　邮编：100027
市场部：010-64169902　　　　　传真：010-64169902
网　址：http://www.tiantianpublishing.com
邮　箱：tiantiancbs@163.com

印　刷：三河市博文印刷有限公司　　经　销：全国新华书店等
开　本：880×1230　1/32　　　　　印　张：8
版　次：2020年8月北京第1版　　　印　次：2024年4月第6次印刷
字　数：128千字　　　　　　　　　印　数：36,001-41,000册

书　号：978-7-5016-1626-8　　　　定　价：45.00元

版权所有·侵权必究
如有印装质量问题，请与本社市场部联系调换。

目录

第一章
中国哲学的起点：周朝的秘诀

003　什么是中国哲学？
004　如果商王有了"超能力"会怎么样？
009　周人有什么"秘密武器"？
012　"礼"是我们今天所说的"礼貌"吗？
014　"礼"在古代有什么了不起和漏洞呢？
020　知识小结

第二章
孔子：比一般人更接近"历史真相"的"圣人"

025　"礼"是不是"天经地义"的？
028　孔子关于"礼"的想法有什么不一样？
034　孔子的主张能解决什么问题？
038　孔子是怎么让中国古代思想拐了个弯儿的？
046　如果没有孔子会怎样？

050　孔子是怎样一位"圣人"？

057　知识小结

第三章

墨子：站在孔子对面的"平民代表"

061　春秋时期出现了什么新事物？

067　墨子认为"不被欺负"的秘诀是什么？

072　墨子的漏洞是什么？

076　战国时期最大的变化是什么？

079　知识小结

第四章

孟子：用爱征服世界的"仁者"

083　在孟子看来，什么是永远不变的真理？

091　"仁者"真的可以天下无敌吗？

100　人的本性是善良的吗？

106　怎么做才能成为"圣人"？

117　知识小结

第五章
老子："佛系"拯救者

121　在《老子》看来，什么东西能掌管一切？
131　什么都不干就能拯救世界吗？
137　我们可以达到"道"的境界吗？
144　《老子》指导了我们什么？
152　知识小结

第六章
法家：拯救世界的新办法

157　拯救世界还能有什么办法？
162　用"规矩"能改变世界吗？
173　法家的商鞅做错了什么事？
179　人不为己，就要天诛地灭吗？
183　知识小结

第七章
董仲舒：发现历史答案的"宗师"

- 187　为什么强大的秦国这么快就灭亡了？
- 195　"黄老道家"有什么治国秘诀？
- 206　"阴阳五行"里隐藏了什么秘密？
- 216　"拯救世界"的答案是什么？
- 230　知识小结

231　**结尾的话**

236　**注释**

第一章
中国哲学的起点：周朝的秘诀

什么是中国哲学？

其实，中国古代没有"哲学"这个概念。

中国古代有"学者"，有"作家"，但是并没有"哲学家"这个说法。"哲学"这个词是到了近代的时候才从西方"引进"过来的。我们今天说的"中国哲学"，简单地说，就是中国古人的思想；说白了，就是古人怎么理解世界的。

中国古人的这些想法和我们今天很不一样。

比如，怎么理解自然万物的变化规律呢？中国古人用的理论是"阴阳五行"，我们今天用的是物理化学。如果把"阴阳五行"和物理化学放到一起对比，你会发现，这两种知识根本没法对话，是两套完全不兼容的体系。今天人们制造手机、汽车，用的都是物理化学方面的知识，可是，我们身边还有很多人坚持用"阴阳五行"来解释世界，这是为什么呢？用"阴阳五行"该怎么来解释手

机的原理呢?

再比如,中国古人认为人和人之间应该有严格的等级差别。父亲的命令,儿子必须无条件服从;丈夫的话,妻子必须顺从。可是,我们今天主张的是"人人平等",那么古人的道德准则还适用于当下吗?我们还应该让《论语》等著作来指导自己的生活吗?

这些问题,我们要回到历史里,看看这些思想诞生的过程之后才能找到答案。

真正开启中国哲学的时代,要比今天我们熟知的孔子、孟子的时代更早。早在孔子、孟子出生之前,古代中国就诞生了一个非常重要的哲学思想,而正是这个思想改变了整个中国的命运。

这件事,我们得从商朝说起。

如果商王有了"超能力"会怎么样?

在商朝,黄河流域分布着很多部落和城市。

我们来想象这样一件事:假设你现在穿越到了商朝,能不能凭一己之力统一整个黄河流域呢?

别着急啊,我不会让你赤手空拳地穿越过去的。穿越之后,你会拥有两种超能力:一个是力大无穷,你一掌可以推倒一棵树;一个是刀枪不入,任何武器都伤害不了你。好,拥有了这么强的超能力,你能建立起多大的功业呢?

我们试试啊。

首先,最容易的是控制一个部落。当你穿越之后,找到离自己最近的部落,直接走进去把部落首领打一顿,顺手一掌把他们家的房子推翻了。商朝的人都信神,一看你这么厉害,一定都会把你当作神灵来崇拜。轻而易举地,你就成了这个部落的首领。

接下来也不难,你可以带着你的手下到附近走一圈。一路上,见到其他部落就冲进去大显神威,这些部落也就都被你征服了。

但是,走着走着,你发现了一个问题:黄河流域太大了……

那个时代没有汽车,甚至连好一点儿的道路都没有。你要去征服其他部落,赶路的过程只能一半靠马车,一半靠自己的两条腿。如果遇到雨季,有可能十天半个月

诸子百家闪耀时

都被困在一个地方,哪儿也去不了。你从自己的部落出发,一路边走边打,好不容易快打到黄河流域的尽头了,正准备看看前面还有没有什么部落可以征服,结果掐指一算,这一路上已经花了半年多的时间。那个时代也没有发达的邮政系统,所以这半年不单单是浪费了时间,而且期间其他地区发生了什么事情,你全都不知道。

那就一路往回走吧。这一路上遇到的部落,都是曾经被你征服的。这些部落的成员有些很老实,对你很恭顺;有些呢,内部发生了叛乱,换了新的首领,见了你就要跟你玩儿命;还有些部落干脆就搬家走人了,反正黄河流域那么大,在哪儿种地不是种。

于是,你这一路上,又是剿灭叛军,又是调停矛盾,好不容易忙完了,小半年又过去了。终于,你回到了自己的部落,刚要歇会儿,又有商队带来了消息:离你最远的那个部落,又叛变了……

还让不让人歇着了!

你的困惑,也是商朝统治者的困惑。

商朝最高的统治者是商王。商王自己统治着一个强

大的部落,他四处征战,把周围所有的小部落都打败了。这时的商王,就类似于有超能力的你,见谁打谁,天下无敌。

但是,黄河流域的面积太大了。古代交通不便,商王对遥远地区的情况基本上是两眼一抹黑,远方部落私下里搞点儿什么小动作,商王根本管不了。

那怎么办呢?

商王一咬牙一跺脚:"管不了啊,那我……我……我还就不管了!"

这就是商朝的真实情况。虽然名义上,商王统治了整个黄河流域,但是,实际上他能直接管理的,只有自己部落附近的一小块地区,面积大概相当于今天的一个省。[1] 而其他地区的那些部落,商王只要求他们在口头上表示臣服就行了。

这种统治模式,叫作"部落联盟",商王就是部落联盟的盟主。选择这种统治模式,并不是因为商王有多宽厚,而是因为当时的技术极限让商王没有能力控制更遥远的地区了。

显然,这种统治模式很不牢靠。因为那些小国和部落强大以后，就可以不听商王的话，甚至还会和他开战。

事实上，商王就是这么被推翻的。在周边众多的部落中，有一个部落叫作"周"。后来"周"的部落强大了，就打败了商王，建立了周朝。周王，就成了众多小国和部落的新盟主了。

等"周"的统治者打败了商王后，他开始嘀咕了，这商王的统治模式不行啊，要是我还继续使用部落联盟的统治模式，那将来也会被其他小国推翻。要是能让天下所有的小国、部落从此以后都乖乖听我的话，那该多好啊！

可这是一件有超能力都办不到的事，周王又能用什么秘密武器，才能突破古代技术的极限呢？

周人有什么"秘密武器"？

这个"秘密武器"，就是"基因"。

你可能听说过演化论：大自然非常残酷，动物在演化的过程中，稍有不慎就会灭种。最后能生存下来的，只有一种基因——"竭尽全力让自己活下来"的基因。

比如说,父母天生就喜欢自己的孩子,我们对亲戚也会比对一般人更亲近。这就是因为,亲戚之间互相保留了一部分对方的基因。在原始时代,帮助亲戚有助于延续自己身体内的基因。所以,基因让我们每个人都拥有"对亲戚感觉很亲近"的本能。早在人类还不会说话,还没有产生文明的时候,这个基因就让人类以家族为单位团结在一起,共同生活,互相帮助。

既然基因本能可以把蒙昧无知的原始人团结在一起,那为什么不能用来团结整个国家呢?

这就是周人发现的秘密。

当然,周人不知道什么是基因,但他们从日常生活中感觉到,有血缘关系的人会比没有血缘关系的人更亲密。他们发觉,只要这个人是我的亲戚,我也不知道为什么,就稀里糊涂地觉得这个人跟自己更亲近一点儿。

之前商王遇到的困难是那些距离他比较遥远的部落首领不愿意听他的话。周人对此想到的对策是:陌生人不听我的话,家人可以啊,家人总得向着家人吧?

于是,周朝的统治者就把自己的亲戚们封为贵族,让他们到周边的部落和小国去当统治者。这些亲戚就是

中国哲学的起点：周朝的秘诀

"诸侯"，由亲戚们管理的各个小国，就是"诸侯国"。

需要注意的是，诸侯国内部的事情周王是不管的。因为当时君王的统治极限就在那里了，周王想管也管不了。[2] 但是，周王希望这些诸侯能看在和他有血缘关系的分儿上，乖乖听自己的话——周王需要他们帮助的时候，诸侯们能够出钱出兵来支援；周王实力衰弱的时候，他们要保证老老实实地不造反。

诸子百家闪耀时

周朝的这套制度被称为"宗法制"。"宗",就是"家族"的意思;"法",就是"制度"的意思。因此,"宗法制"就可以简单地理解成"用管理家族的方式来管理国家"。[3]

所以,周人治理国家的"秘密武器"就是"宗法制"。

因为家族制度是关系到国家制度的大事,所以周人还为此制定了详细的规则。这些规则有个名字,叫作"礼";因为它发源于周朝,所以也可以叫作"周礼";因为它是一个制度,所以也可以叫作"礼制"。[4]

"礼"是我们今天所说的"礼貌"吗?

"礼"是中国哲学当中出现的第一个重要的概念。

"礼"这个字,我们都很熟悉。比如今天有一个词叫"礼貌",它的字面意思是"礼"的"外貌",套用我们刚才所说的,就是周朝宗法制度的外貌。

举个生活中的例子。

今天,你参加家族聚会的时候,可能会遇到这么一种亲戚:这些人平时跟你根本不来往,可是他们在你面前非要摆起长辈的谱儿,说话特别不客气,甚至对你的生活指指点点。如果这是一个在马路上遇到的陌生人，如果敢这么跟你说话，没准儿你都想揍他。可是，在家族聚会的餐桌上，你刚对这位长辈翻了一个白眼，爸爸妈妈立刻就会数落你："你这孩子，怎么跟大人这么没礼貌！"

欸？父母这"神逻辑"是怎么来的呢？往根儿上捯，应该就是从周朝的"礼"延续下来的。在宗法制度下，"见到长辈必须恭敬"并不是一件权利和义务对等的事，而是一个必须无条件服从的规矩，因为只有这样，才能维持宗法时代的国家秩序。也就是说，如果长辈教训晚辈，无论对错，晚辈都要恭敬地听着，这就是宗法制度下的"礼"。"对长辈翻白眼"是通过外在行为破坏了"礼"，这么做不符合"礼"的"外貌"，所以就叫"没礼貌"。

顺便一说，既然"任何情况下都不许对长辈翻白眼"这样的规矩传统可以一路捯到周礼，那是不是就意味着它特别有道理，我们也必须遵守呢？

恰恰相反，正因为它的根源是周礼，所以我们今天反而不用遵守。如今是现代社会了，不再需要宗法制度，讲求的是人人平等、互相尊重，如果还拿古代社会的"礼"

来约束现代社会的我们,这逻辑才有问题呢。

因此,对于长辈的话我们大可以择善而从。

"礼"在古代有什么了不起和漏洞呢?

区别了"礼"和今天讲的"礼貌",我们接着来说周朝。周朝在建国后,维持了二百多年的和平。

我们用今天的眼光来看周这个朝代,可能会觉得"宗法制"也好,"礼制"也好,其实并没有什么了不起的。这些模式,不就类似于今天的"家族企业"吗?这里面有很多的弊病啊。

而且到了周朝末期,出现了"郡县制",用今天的话来说,就是靠专职官员来管理国家的制度。这个"郡县制"可比"宗法制"好用多了,所以今天我们学习历史的时候,会重点了解郡县制,对宗法制的印象不是很深。

但是,生活在周朝的人可不这么看。在周人看来,中国古代的历史可不是从三皇五帝一直到清朝那么长的一大串儿,而是从三皇五帝发展到了周朝,只有这么一段儿。在周朝之前,历史上所有伟大的君王穷尽他们的努力，用无数次失败已经证明了任何人都无法突破今天一个省大小的统治极限。结果，周朝的统治者只用了一套新制度就突破了这个极限，把统治范围扩张到所有他们已知的人类文明。

要知道，当时的周人可不了解欧洲和印度。在他们眼里，这个世界上所有的人类文明都集中在黄河流域。在他们的观念中，离这个地区越远的人类就越野蛮，越没有征服的价值。所以，在周人看来，他们已经征服了所有的人类文明。

放到今天，周人的成就相当于什么呢？

我们知道，迄今为止，还没有任何一个国家统治过全世界。假设现在突然有这样一个国家，也不靠什么新科技和新武器，仅仅用了一套新制度就把全世界都统治了，而且顺利地统治了二百年，那这套新制度，不就是个奇迹吗？

没错，周人甚至许多中国古人就是这么看待"周礼"的。他们相信，周朝的"宗法制"和"礼"是一个被称作"周公"的人创造的。在很多中国古人的心里，这个周公是个像神仙一样的伟人，他创造了有史以来最伟大

诸子百家闪耀时

的文明和最伟大的制度。

结果,到了西周末年的时候,这个"神仙制度"崩溃了。

历史学家们习惯把周代分成前后两部分,前面一段叫"西周",后面一段叫"东周"。其中"东周"又分成"春秋"和"战国"两个时期。

"西周"和"东周"这两个时期的区别是:西周的时候,周王室还很强大,各个诸侯国都服从于周王室,整个社会仍维护着"宗法制"和"礼";等到了东周的时候,诸侯们越来越不听周王室的话,"宗法制"和"礼"逐渐走向崩溃了。

为什么会出现这种情况呢?

道理很简单。我们说过,基因的规律是血缘关系越近、基因重合度越高的亲戚之间的感情越强烈。可是,一个家族繁衍的后代越来越多,亲戚之间基因的重合度就变得越来越小了。说白了,亲兄弟之间的关系是挺好的,可是到了这对兄弟的下一代,他们之间的关系就疏远多了。在周朝,很多诸侯去世后都会把手上的权力直接传给自己的后代,随着一代代繁衍,亲戚之间的关系也变得越来越远,基因的力量就可以小到忽略不计了,周王室还想让这些手握权力的后代、远亲听话就很困难了。

另外,还有一个重要的原因:血缘亲情这个东西和政治权力相比,力量太弱了。即使在今天,你可能都听说过,有的亲戚之间能为半套房子打得六亲不认,那更何况是一国的财富呢?

当然,周人也不傻,他们也知道亲情靠不住。所以,周初的统治者不仅设计了宗法制,还把全天下最好的土地都留给了自己。那时的周王让自己拥有天下最好的土地——产的粮食最多,能养育的人口最多,因此军队也最强大。这样,其他诸侯就算不讲血缘亲情,也得屈服于周王武力的威慑。

可问题是,生产力是不断发展的。日久天长,有些诸侯国的经济实力渐渐地可以和周王室比肩了。后来,周王室遇到了自然灾害,又在对外战争中吃了败仗,那些强大的诸侯国就开始不听周王的话,不但各个诸侯国之间互相打仗,自行扩充地盘,还根本不把周王的命令放在眼里。

换句话说,这些诸侯开始带领他们的臣民不遵守"礼"了。而且,不仅是诸侯自己不遵守"礼",在诸侯国的内部,一些贵族也开始不遵守"礼"了。因为在周朝,诸侯在管理自己国土的时候,也使用了"分封制"——把一部分土地分给了自己的亲戚。这些亲戚也有自己的家族,他们对各自的封地全权负责。[5] 既然强大的诸侯可以不听周王室的话,那么强大的亲戚,自然也可以不听诸侯的话。于是，在东周的时候，一些诸侯国内部的大家族同样会去欺负自己的国君，甚至把国君杀了取而代之。

总之，用一句话来概括这个时代，那就是：这是一个不讲"礼"，只讲暴力，谁拳头大就可以欺负别人的时代。

这世界乱套了。

在当时的人看来，这种情况太可怕了：刚才说了，在周人的观念里，全世界所有的人类文明都在他们统治的这块区域里；周人的"礼"，也是全人类有史以来最文明、最伟大的制度。可现在，"礼"逐渐崩溃了——战争和屠杀越来越多，这就意味着全世界唯一的人类文明陷入了混乱，再这么发展下去，人类的文明都要随之灭亡了。对于周人来说，这简直是世界末日。

"礼制"崩溃的这段时期，又叫作"春秋战国"。在这段时期里，中国出现了第一次哲学思想的大爆发，出现了很多今天我们耳熟能详的哲学流派。因为哲学流派太多，人们又把这段时期称为"百家争鸣"。

这些哲学流派最关心的问题是：该怎么面对这个逐渐走向崩溃的世界？能不能想出什么办法重新恢复这个

世界的秩序?

世界的希望,就在读书人的一支笔下了。

知识小结

- 中国哲学的思想源头出现在周朝,确切地说是西周时期。
- 夏商周时代,统治者们能直接管辖的地区很有限。为了扩大统治面积,周王把自己的亲戚分封到其他地区当诸侯,替自己管理国土,这就是"分封制"。
- 周王用管理家族的方式管理天下,这套制度叫作"宗法制"。为了规范周王和诸侯之间的关系,周人建立了"礼"的制度,规定了家族成员之间的长幼尊卑关系,这套制度也被称为"周礼"。
- 然而,在古代,血缘亲情抵不过权力的诱惑。到了春秋战国时期,各个诸侯国实力强大了,他们开始不听周王的话,互相攻伐,渐渐地破坏了"礼"的制度,社会变得越来越混乱了。

第二章
孔子：比一般人更接近『历史真相』的『圣人』

"礼"是不是"天经地义"的？

可拯救世界哪有那么容易。

在好莱坞的电影里，世界末日的到来都是因为出现了外星人或者怪兽，只要把它们都打败，就可以拯救世界了。世界要真是这么容易就能被拯救，那可太好了。

今天的一些学者研究中国古代历史的时候发现，东周时期"礼制"崩溃的主要原因是生产力的发展导致诸侯国的经济实力超过了王室。可是，这个原因是我们隔了很多年后，在已经知道了历史结局的情况下总结出来的。而当时身处历史之中的人，很难看到历史的真相。那时的人搞不明白"礼制"崩溃的原因，他们首先需要回答的是一个令人百思不得其解的谜题：一个人类有史以来最伟大的制度，突然间毫无道理地、莫名其妙地就出问题了，这是为什么啊？！

既然"礼"这套制度出问题了，那么当时的人首先

要思考的问题是：这个"礼"到底是个什么东西？"礼"的根本原理是什么？这就跟修机器是一个道理，如果一台机器出毛病了，我们开始修它的第一步，就是先琢磨清楚了，这台机器是干什么用的，它的运行原理到底是什么。

那么，"礼"的原理是什么呢？

对于周朝而言，"礼"的制度是天才之作，运行了二百年都没什么问题。那我们想象一下，假如说现在有一套在人类大半段历史长河中一直都行之有效的制度，并且这套制度创造了人类最伟大的文明，突然冒出一个人问我们："这套制度的本质是什么？"我们会怎么回答呢？

最省事、最简单的答案是：它是老天爷定下的规矩啊，它是天经地义的。

这个回答听起来一点儿都没错。这么一个开天辟地的制度，它要不是"天经地义"的，可能这么伟大吗？这个答案明显是很合理的嘛！

在春秋战国的时候，的确有不少人是这么想的。[1]

---

[1] 参见：《左传·昭公二十五年》

但其实,这是一个非常糟糕的答案。

为什么呢?

首先,这个答案非常偷懒。任何一套创造了奇迹的理论,我都可以说它是"天经地义"的。物理学能把火箭送上太空,为什么它这么了不起啊?我可以说,是因为物理学符合宇宙运行的规律,是天经地义的。这些话说得完全没有错。可问题是,这结论又有什么用呢?除了把物理学歌颂了一遍,又提供了什么新的信息呢?

更可怕的是,如果"礼"是"天经地义"的,那"礼"就不能被修改。当年西周的统治者给"礼"定下了各种规矩,那这些规矩就变成了"神圣的教条",必须一丝不苟地去执行。

可是现在明明已经有很多人不遵守这些规矩了,那怎么办啊?

如果是较真儿的读书人看到这样的社会,那就只剩下生气了——明明是天经地义的规矩,大家都不遵守,怎么能不让人生气呢?可是仅仅是一位读书人又能怎么拯救世界呢?只能气鼓鼓地写文章,怒斥这个社会风气败坏、思想堕落,这世上简直没有一个好人(除了他自己),

诸子百家闪耀时

过够了嘴瘾,然后洗洗睡觉。

这样能拯救世界吗?

就在这个时候,有一位读书人提出了不同的答案。这个人叫作"孔丘",我们习惯叫他"孔子"。

孔子关于"礼"的想法有什么不一样?

孔子生活在今天的山东省,当时叫作"鲁国"。

我们在前面已经知道,周朝是靠家族来统治国家的,这些统治家族叫作"贵族"。贵族的生活一般要比普通人好,出生在贵族家庭的孩子长大了也更容易当官[1]。

孔子他们家就属于贵族。但是贵族也有苦恼:每一代的贵族人数越来越多,随着贵族数量一代一代地增多,国家养不起了,就出现了"没落的贵族"。也就是身份挺高贵,但是家里没钱的一群人。

孔子他们家就是这样。孔子小的时候家里很穷[2],不

---

[1] 参见:《左传·宣公二十年》
[2] 参见:《史记·孔子世家》《论语·子罕》

孔子：比一般人更接近"历史真相"的"圣人"

过他还可以接受基本的教育，尤其是认真学习了"礼"[1]，在孔子的时代，社会秩序已经开始乱了，很多人开始不遵守"礼"[2]，但孔子认为，恢复社会秩序的关键就是要想办法恢复"周礼"，[1] 从而把世界恢复到原来的样子。

但是，怎么恢复周礼呢？孔子思考了"礼"到底是什么的问题，但他没有人云亦云，也没说"礼"是天经

---

[1] 参见：《史记·孔子世家》《论语·八佾》《左传·昭公七年》
[2] 参见：《史记·孔子世家》

地义之类的空话,而是提出了一个全新的观点。他说,"礼"这个东西,来自于人们的内心。[2]

换句话说,什么叫"礼"呢?

在孔子之前的那些读书人看来,"礼"是天经地义的,类似于今天的自然规律。比如,按照"礼"的制度,儿子见了父亲得磕头,那么磕头的这一瞬间,儿子就符合了"自然规律"。相反,他要不这么做,社会秩序就会受到破坏。这就跟"热水烫嘴是自然规律,所以不能喝滚烫的开水,否则嘴巴就会受伤害"是一个道理。既然"礼"类似于自然规律,那无条件地执行就是了。说白了,在这些人看来,儿子见到爹了,只要双腿一软,往地上一跪,两个膝盖骨这么一着地——好!这就世界大同、社会稳定了。

但是,孔子不这样看。孔子认为,"礼"的关键是人内心的想法,具体来说,是一种"我要对别人好"的善念。孔子给这个善念起了一个名字,叫作"仁"。[3]

举个例子。还是刚才那个儿子见到父亲了,当他正要往下跪的时候,孔子会大喊一声:"你先别跪!先摸着良心自己想想,你是不是真的尊敬你的父亲?"如果这个孩子有"尊敬父亲"的念头,即使不跪,这个世界也能和平;如果他没有这个念头,就算跪到天荒地老也没用。

当然,在孔子看来,人心中的"仁"和外在的"礼"是不冲突的。[4]一个人只要能在心里有"仁",自然就会在行为上表现"礼"——一个心里有"仁"的儿子,见到父亲自然就会磕头。但是,如果环境变了,比如社会上表示尊敬的礼仪不是磕头而是鞠躬了,那心里有"仁"的儿子见到父亲鞠个躬,也叫"礼",这样,社会便不会混乱,世界也不会毁灭。[5]

说到这里,我们来总结一下:孔子认为,拯救世界的关键是恢复"礼"。对于"礼",外在的仪式不重要,内心能不能存有善念"仁",才是最重要的。

你可能觉得,孔子的想法也没什么了不起的。这不就是说"做事得真诚,得表里如一"吗?这不是小学生都知道的道理吗?

但在孔子那个时代,这些想法的确很了不起。了不起的地方在于:孔子比当时所有读书人都更接近历史和当时现实的真相。

诸子百家闪耀时

我们说过,周朝的"礼"是建立在血缘关系上的。人类的血缘关系又来自于基因赋予我们的本能。而孔子说,"礼"在本质上来自于人的内心,这和我们今天的科学结论不谋而合。

那么,孔子怎么来解释"礼"正在走向崩溃呢?同样是人,为什么有的人"仁",有的人不"仁"呢?

孔子认为,人的本性是很相近的,但由于后天的环境和学习效果不同,人和人的行为习惯才有那么大的差别。这就是《论语》里所说的:"性相近也,习相远也。"[①]也就是说,后天的环境和学习效果会影响人是否遵守"礼"。孔子的时代,为什么社会变得如此混乱呢?那是因为很多人没有受到好的教育和影响,因此不够"仁",所以社会的"礼"随之崩溃了。

那么,在孔子看来,该怎么拯救世界呢?

办法很简单——大力发展教育,提高全社会,特别是贵族们的道德观念。人们心中"仁"的水平提高了,全社会"礼"的水平也就提高了。如此,当前混乱的社会就能像从前的"周"那样恢复和平了。

① 参见:《论语·阳货》

这个逻辑听着完美吧？不过，听完这个结论，你是什么感觉？"拯救世界的方案是推广教育"，这结论未免有点儿太普通了吧！

教育很重要，这话是没错。可问题是，这都是什么节骨眼儿了啊？世界不都快毁灭了吗？假如在今天，世界秩序逐渐走向崩溃，眼看就要世界大乱了，结果忽然站出来一位学者振臂高呼："我们要发展教育！我们要用教育拯救世界！"我们听了是什么反应？恐怕只能竖起大拇指说："您心态真好！但是请您先坐下……"如此紧急的情况下，我们需要的是立竿见影、行之有效的措施，您还想着多办点儿补习班什么的，怎么可能立刻改变世界啊？！

可是，在孔子的时代，恰恰是他的主张带来了一场能够改变世界的"革命"。

孔子的主张能解决什么问题？

我们已经知道在周朝，有贵族和平民的区别。

贵族家的子女生下来就可以接受良好的教育，长大了做官的概率也很高；而普通人家的孩子就没有这么多优越的条件。

以今天的眼光看，这是一种欺负人、不公平的制度。贵族和老百姓都是一样的人，不应该被分成三六九等。但是，在中国古代很长一段时间里，人们都觉得贵族高人一等是很合理的。

为什么呢？

道理很简单。那时，只有贵族才能接受教育，当时的著作几乎都是贵族写的，传道授业的老师也都是贵族，他们说的话、写的文章自然也是向着贵族的。每一代年轻的贵族所能接触到的著作、老师，都在说贵族如何如何好，他们本身也是贵族，那谁还会怀疑"贵族更高贵"这个结论呢？

更要命的是，穷苦人因为缺乏教育，他们思考问题的深度、对社会规范遵守的程度，往往都不如贵族。这就更加印证了贵族们的偏见："我们贵族确实天生高贵啊！你看那些平民百姓，他们的确比我们笨，比我们没素质，这有无数活生生的例子啊！"

我们想想，如果今天有一个观点，既有全国所有权

威学者的一致支持,又有我们身边无数可以亲眼目睹的证据,那这个观点还有什么可怀疑的吗?

因此,"贵族更高贵"这个观点,在孔子那个时代,就是不容置疑的。

那谁有能力去质疑呢?哲学家。因为哲学家有逻辑。

孔子认为,一个人是不是遵守"礼",关键不是看他外在的身份和行为,而是看其内心的"仁"。那么,显而易见的推论是:决定一个人是否高贵的不是他的身份,而是他的内心。

在孔子的时代,有一个词叫"君子"。"君子"原本的意思是贵族,指的是那些天生血统和地位就高贵的人。但是,孔子修改了"君子"的定义,认为只有那些品德高尚的人,才是真正的"君子"。[6]

而且在孔子看来,这个世界上最理想的人还不是"君子"。在"君子"上面还有一个等级,叫"仁人";在"仁人"上面,还有"圣人"。这些人,都是按照道德标准区分的,和他们的身份、血统一概无关。

孔子的理想是由"君子""仁人""圣人"们来掌控世界、掌握权力。这样,世界就可以恢复周礼,恢复和

孔子：比一般人更接近"历史真相"的"圣人"

平了。

孔子不光是嘴上这么说，他自己也是这么做的。孔子有一句名言，叫作"有教无类"[①]。它的意思是：不论血统，不论出身，人人都可以接受教育。孔子自己招收的学生里，各种身份的人都有，既有贵族，也有平民，他还鼓励这些学生学成之后，去各个诸侯国当官。

孔子这是要干什么呢？他是在破坏旧的社会结构，建立新的社会结构。[7]

从表面上看，孔子是个很保守的人，他处处都在维护"旧"制度，张口闭口都是"恢复周礼"。实际上，他已经破坏了"周礼"，把当时的"以血统论贵贱"一笔抹去，变成了"以道德论贵贱"。

这个评判标准，在孔子之后一直延续了下来。当然，在整个中国古代史里，"血统"好的人还是可以"占很多便宜"。比如，可以享受更好的生活，获得更好的教育资源，拥有更多的社会机会，甚至在隋唐以前，很多权贵家族的孩子不需要认真考试就可以随随便便当大官。

但是——这个"但是"很重要——最起码在口头上、

---

① 参见：《论语·卫灵公》

在名义上，人们都承认道德比血统更重要。那些权贵子弟能当上大官，至少公开的理由是因为他们"贤良"。这个"口头承认"，就给后来的科举考试，特别是给贫寒家庭的孩子进入上层社会留下了一个窗口。从这个角度讲，孔子给了中国一个更光明的未来。

孔子的价值，还不止于此。

孔子是怎么让中国古代思想拐了个弯儿的？

如果你喜欢看外国的电影和小说，可能会发现一个有意思的现象：在西方文化里，"信神"这件事特别重要，他们曾经认为"神"可以指导生活里的一切。但是在中国文化里，"神"的地位就不是很高。比如，不少中国古人只是把神仙当成满足愿望的工具，有所求的时候才想起来拜神，甚至还会拿神仙开玩笑。

为什么中西方文化的差别会这么大呢？

其实，在最早的时候，在"信神"这件事上中西方并没有这么大的差别。商朝人就很虔诚地相信"神"，只是到了后来，中国古人的观念发生了一次大拐弯儿，从此以后，中国人对"神"的信仰才发生了转变。

这个弯儿，就拐在孔子的时候。

为了说清楚这次拐弯儿，我们先要说清楚应该怎么看待"信神"这件事。

我们今天在学校里习惯使用的是这么一组概念："科学"和"迷信"。

在很多人的印象里，"科学"指的就是相信物理、化学，认为这个世界上没有神、没有鬼；"迷信"呢，就是相信世上有神有鬼，比如相信占卜之类的东西。

用这组概念来理解今天的世界，没有太大的问题。但是，要用这个思路去理解古人的世界，这就麻烦了。你会发现，这天儿就没法往下聊了——古人根本没有发达的科学知识。几乎每个古人，包括那些饱读诗书的读书人在内，他们都相信世界上存在鬼神，动物能成精，占卜能预测未来。

举个例子。

你可能听说过，东汉思想家、《论衡》的作者王充是一位无神论者，他认为世界上没有鬼神。但是其实呢，

诸子百家闪耀时

王充是相信世上有鬼神、有灵魂、有妖怪的[①]。用今天的话说，他反对的不是"世上有鬼神"的基础世界观，他跟别人争论的是"人死之后会不会变成鬼"之类的具体问题。

那么，按照"相不相信世上有鬼神"的标准来判断，这个王充也很迷信。那就更不用说其他古人了，他们自然都很迷信，他们的观点也就不值一提了。

但是，如果我们换个角度来理解"科学"和"迷信"这组概念，对古人观念的理解就能更清楚一点儿。

什么角度呢？

"科学"的真正意思，并不是指某个标准答案，并不是说相信"牛顿定律"就一定科学，相信有超自然现象存在就一定不科学。"科学"指的是一种研究世界的方法：重视证据，重视逻辑，一切结论都以证据和逻辑为依据，同样可以通过这两个方面去质疑。

"迷信"的真正意思，指的也是一种认识世界的方法，只不过是迷迷糊糊地、盲目地就相信了，这种"信"不重视证据和逻辑，从不质疑。

---

① 参见：《论衡·纪妖篇》

孔子：比一般人更接近"历史真相"的"圣人"

理解了上面的内容，我们就可以用一组新的概念来表示"科学"和"迷信"的区别。这组新概念是："低一头"和"平等"。也就是说，在面对外在世界的时候，我们是比它"低一头"，还是和它"平等"的。

咱们拿鬼神来举例子。同样是相信这个世界上有鬼神，也有两种不同的"信"法：如果是"低一头"的人，那么他面对鬼神的时候，恐惧鬼神的权威，只知道跪下来讨好求饶，祈求鬼神不要惩罚他，最好时不时再给他一点儿好处。

如果是"平等"的人，那么他面对鬼神的时候，则是站起身来，凑到鬼神面前仔细观察，琢磨一下这些鬼神都有什么生理特征、作息规律，厉害在哪儿，弱点是什么，想想自己能有什么办法在面对鬼神的时候不吃亏，甚至还能占点儿上风。

如果使用这组概念的话，那么王充就是典型地站在"平等"这一边的人。

大部分古人谈论鬼神，都是这个画风："哎呀妈呀不得了了，这世上有鬼神呀，鬼神能赏善罚恶，咱可不能做坏事呀！"

诸子百家闪耀时

王充是什么画风呢,有鬼是吧?来,咱研究研究,这背后有什么逻辑。比如,在王充写的《论衡》中记录了一个传说,用现在的话讲出来是这样的:有人在路上遇见了一个长得和人差不多的神仙,这个神仙说自己是山神。听到这里,王充就较真儿了,他说,这里逻辑不对啊,按照古人的观念,人死后,身体里的精神能变成鬼,而且这鬼长得还像人;那按照这个逻辑,山如果变成神了,那不是应该长得像山吗?至少也不能是人的模样啊?①

再比如,周朝的时候有两个大臣被君王给冤杀了,后来有人传说这两个大臣死后变成了鬼,为了报仇,把杀他们的君王给害死了。这是一个古代挺常见的讲因果报应的小故事,但是王充听后又开始"吐槽"了——

他说,这事不对啊!我们要恨一个人,要杀对方,那是想让对方在我们面前消失,对吧?这个君王和鬼原本不在一个世界里生活,结果这两位大臣把这个君王杀死了,这君王不就成了鬼,反而和冤死的两个大臣聚到一起了吗?而且这君王原本地位就高,一旦变成了鬼,不就又可以迫害这两位大臣了吗?那你说这两位大臣是

① 参见:《论衡·纪妖篇》

孔子：比一般人更接近"历史真相"的"圣人"

不是有点儿傻？①

我们不讨论其中的逻辑细节成不成立，我们关注的是王充对待鬼神的姿态：是平等的，是持研究态度的。那些鬼神在王充面前，就跟他去观察老虎、大象一样，并没有什么区别。

如果用"低一头"和"平等"这组概念重新来看待中国古代思想史，我们会发现，古人的世界观在周朝发生了一次转变。在周朝之前的商朝，人们面对鬼神是"低一头"的姿态，而在春秋以后，读书人对待鬼神乃至整个宇宙的态度都开始趋向"平等"。而这个变化的过程，在周朝就已经出现了。

商人认为，这世界上存在无所不能的"天帝"。人们只有努力讨好"天帝"，才能过上好日子。

周人打败商王朝后，发现商人的观念有问题。因为当时周人获胜后，实际控制的只是一小块土地，附近还有很多商人的领地以及其他一些小国无法操控。这些人只是臣服于周王，并没有被彻底消灭。那么，在一个人

---

① 参见：《论衡·死伪篇》

人都相信这世上存在超自然力量的时代,周王怎么向这些人证明周王朝是受到神灵保护的呢?如果仍旧相信"天帝"的话,周人怎么让大家确信,"天帝"是绝对站在周人这一边的呢?

周人想到的办法是不再信奉某个具体的神,而是改成信奉抽象的"天"。这个"天",就是咱们俗称的"老天爷",也是"这世上还有没有天理"的那个"天"。

"天"的特点是,它不像商朝的"天帝"那样喜怒无常、为所欲为,而是按照固定的道德规则行事。人间的统治者做事符合道德标准,"天"就会对他好,就会让人间国泰民安;否则,"天"就会降下灾祸。[8]

利用这套理论,周王就可以解释为什么能消灭商王朝了。那是因为周王品德高尚,商王品德败坏,所以,周王得到了"天"的护佑,取得了胜利。

自从有了这个"天",周人面对老天爷的视角,就逐渐变得"平等"了——既然"天"遵守着固定的道德规律,那也就意味着人可以利用这个规律实现自己的目的。

但是在周朝早期,人们对鬼神、对"天"的平等意识,还是懵懵懂懂的,仍有很多人习惯于"低一头"。真

孔子：比一般人更接近"历史真相"的"圣人"

正把"平等"这件事说清楚、弄明白的，正是孔子。

孔子也相信这个世界上存在超自然力量，这个力量被古人称为"天命"。在孔子的眼里，"天命"类似于一种自然规律，他认为，"天命"不可更改，君子一定要了解"天命"。

孔子这种对待"天命"的态度，就不是"低一等"的姿态，而是类似于我们今天对待物理定律的态度：物理定律虽不可违背，但是我们可以去了解，了解之后就可以加以运用。[9]

更重要的是，孔子认为，改变这个世界，让世界恢复秩序的关键不在于"天"，而在于每个人心中的"礼"和"仁"。而且不是某几个王公贵族心中的"礼"和"仁"，而是全世界所有人，是你、是我，是每一个人心中的"礼"和"仁"。

所以，在孔子这里，人类面对世界的姿态是彻底"站起来"的：我们不仅可以研究世界的规律，而且可以决定世界的兴亡。这世上从来就没有什么"救世主"，每一个人都是"救世主"。世界的命运，就在我们自己的手里。

从此以后，中国古人对待鬼神、"天"等超自然力量

的态度，就和欧洲人不一样了。

实际上，在欧洲，人和神的关系曾经也有一段时间是"平等"的。那是在古希腊时期，那时的学者用理性去研究世界，觉得一切都是可以讨论、可以研究的。但是后来，欧洲人在很长一段时间里变成了"低一头"的姿态。他们对神的态度，变成了"正因为荒谬，所以才相信"——别思考，别研究，别质疑；闭嘴，低头，相信，就完了。

最终，这个对神"低一头"的"传统"成为了欧洲进入现代社会最大的负担。而中国人，则在很早的时候就摆脱了这种束缚，开始专心致志地探索人间。[10]

孔子就是这样将中国古代哲学思想成功地拐了一个弯儿，中国哲学，从此成为活在人间的哲学。[11]

如果没有孔子会怎样？

好，现在做一道加分题。

我们刚才一直在说孔子有多么伟大。那么，假如现在我有一台时光机，可以回到过去，把孔子从历史中抹去，

孔子：比一般人更接近"历史真相"的"圣人"

从此以后，这个世界上再也没有孔子这个人，那么你说，中国历史会发生什么变化？

再具体点儿，中国历史会不会彻底改变？会不会从此一直延续贵族时代，此后的帝王们都按照血统选择官员？会不会从此中国人和西方人一样有了"信神"的传统，一代代读书人都跪在祭坛前站不起来？

当然不会。

这里涉及一个有意思的问题：思想史是怎么写成的？

我们在谈论中国思想史、哲学史的时候，为什么几乎每一本书都会把孔子放在非常重要的位置？难道是孔子一出生，就毫无疑问地在中国历史上留下了自己的位置吗？是不是类似下面的场景——

孔子活着的时候就被万众敬仰，他一张口说话，聆听他教诲的人就如同被一道闪电咔嚓一下劈着大脑了，立刻跪在地下痛哭流涕："哎呀，您真是字字珠玑，连标点符号都是真理！您这观点必须改变世界啊！我们在此发誓，中国思想史从您这儿起，就彻底拐弯儿了！"真正的历史是这样的吗？

当然不是。孔子活着的时候，就类似于我们今天全

国知名的专家学者,是当时众多"知名学者"中的一个,有点儿名气。但是,在同时代,比他有名的人还有很多。孔子死后,他的影响力也只是一般,直到去世几十年后,他的弟子们才把他的言论收集起来,汇编成一本"孔子言论集",也就是今天广为人知的《论语》,孔子才渐渐名声大噪。而《论语》一开始也不是那么伟大的著作,只是众多"学术著作"中的一本而已。

一直到了汉朝,在人们已经经历了很多时事变迁,积累了很多历史经验教训后,才意识到孔子的一些话是非常有道理的。后来的许多读书人觉得应该沿着孔子的思路继续钻研,于是他的地位才越来越高,乃至最后被封为"圣人",成为了中国绝大部分思想史、哲学史著作中都必须要谈论的人物。

这就是说,不是因为孔子一言兴邦改变了历史,让他变得这么有名;而是后来历史的发展印证了孔子的观点、学说的正确性,人们才想起来去抬高他的地位。假如孔子死后,历史朝着另一个方向发展,他就不会成为"圣人"了。

也就是说,是历史证明了孔子,而不是孔子创造了

孔子：比一般人更接近"历史真相"的"圣人"

历史。

中国从春秋战国开始，逐渐打破了贵族对权力的垄断，不再靠血统来任命官员。这并不是因为孔子说了一句："君王应该任命贤能的人！"当时的君王们听了一拍大腿："说得太对了！"就都改了。真正的原因是诸侯之间战争激烈，君王们发现，只有打破贵族制度，按照功劳、品德而不是血缘分配权力和财富，才能最大化地强大国力，才最有可能让自己的国家在乱世中生存下来。

后来的读书人勇于挑战神灵，这也不是因为孔子说了些什么。就算没有孔子，中国人还是会"站起来"的。

如果历史上没有孔子，还会有其他人说出和他类似的话，代替他在历史中的位置。

所以，我们说孔子是"圣人"，这个"圣人"是历史后来认定的，而不是孔子本身有什么神圣的地方。

如果我们真把孔子本人当成"圣人"了，那就意味着孔子说过的每一个字都是真理，每一句话都只能去学习而不能被质疑。可别忘了，正是孔子让我们能"平等"地面对权威。就因为他说得对，我们就"扑通"一下又跪下去了？这显然没有践行孔子的主张。

孔子是怎样一位"圣人"?

如果继承孔子的精神,能平等地看待他,那么,孔子就是春秋时代比一般人聪明一点儿的普通人——他以自己有限的知识,针对当时的社会发表了一些看法。在孔子去世以后,他的弟子们收集整理了他生前的言论,编成了《论语》。

《论语》里记录的东西是孔子平时和弟子们上课、聊天时说过的话,而不是经过严谨思考后的系统写作,也没有经过他本人编订修改,所以很可能保留了一些孔子自己并不同意的内容。

更要命的是,春秋战国时期书籍的数量太少,人们在传抄书本的时候,缺少资料互相印证,很容易抄错。而且秦始皇统一六国后,销毁了大量书籍,《论语》只留下来几本,后世传抄错误的可能性就更大了。

面对这么一本可能有很多疏漏的"言论集",我们当然不能傻等着"读书百遍,其义自见",那是孔子反对的"低一头"的学习方式。我们也不能死记硬背,背完了全

孔子：比一般人更接近"历史真相"的"圣人"

文默写，那叫作"学而不思"，也是孔子反对的学习方式。那孔子提倡的"平等"的学习方式是什么样呢？

那就是把孔子当成一个普通的老师。你可以想象，在你家隔壁住着一位退休的老教授。老爷子一辈子不得志，吃过苦、挨过饿①，一直熬到退休了，还保持一副读

---

① 参见：《论语·卫灵公》

书人的做派。这位老爷子喜欢看书,喜欢听古典音乐①,还特别注意自己的仪表。夏天的时候,别的老大爷都穿得很随意,背心裤衩的穿搭很常见,可这老爷子哪怕是下楼取个快递,也得正正经经地穿着衬衫之类的夏装。②老爷子待人接物也很周到,在小区里碰见了,打老远就和你打招呼。但是呢,老爷子也有让人讨厌的地方,他讲吃讲穿,从不吃外卖③,每顿饭得请阿姨专门给他做。饭做好了,他还挑三拣四,说说这菜的颜色对不对,讲讲那菜的刀工好不好④,惹得做饭阿姨背后没少说他闲话。

就是这么一个老大爷,有时在楼下碰见了,随便和你聊几句天,这些话里哪句有用,哪句没用呢?

比如,有一天,老爷子感叹了一下现在的社会道德风气,说了一句:"己所不欲,勿施于人。"你一听,欸,有点儿意思。这是一个挺简单的道理,但是现在好多人

---

① 参见:《论语·述而》
② 参见:《论语·乡党》
③ 参见:《论语·乡党》
④ 参见:《论语·乡党》

孔子：比一般人更接近"历史真相"的"圣人"

做不到啊，老爷子这话说得对！你就把它记下来了。

又有一天，老爷子忽然说："学而不思则罔。"感叹读书得动脑子思考。你一想：这话学校的老师天天说啊，在今天这就是一个常识啊，我最大的困惑不是该不该思考，而是具体应该怎么思考。你再想追问一句呢，结果老爷子已经关门回屋了。那接下来你该干吗呢？是站那儿摇头晃脑地品味这句话的滋味，然后回屋写一篇一万多字的论文研究这句话到底有什么深意吗？当然不是了。正常人的反应是把这句话抛在脑后，以后在学习中遇到类似的困惑，去问学校里的老师，去学习那些更现代、经过更多人检验的学习方法。

再比如，还有一天，这回老爷子可气人了啊，聊着聊着，冲你来了一句："唯女子与小人难养也。"⑤这意思是说女人太难伺候了！这话一听你就生气了，歧视女性，这和今天的伦理观念相悖啊。可是呢，我们也要理解，因为在孔子生活的时代全社会都歧视女性，他还曾经把自己的女儿、侄女当作礼物一样送给了别人。可这在今天属于犯罪，而在当时却符合社会规范，所以老爷子这

⑤ 参见：《论语·阳货》

么想也不意外。那么,对于这种在今天看来明显是错的话,我们就怪老爷子思想太陈旧,打个哈哈,忘了就好,别往心里去。对于这件事你就此翻篇,而不是回屋又写了一大篇一万字的论文,见谁跟谁说:"老爷子是'圣人',他怎么能说出那种话呢?他不是这个意思!"

好了,我们再回来继续说历史中的孔子。

在孔子生活的时代,他的观点虽然有一定的影响力,但是没有一个君王打算真的听他的话。

道理很简单。孔子的梦想是靠人人自觉地实践"仁"来恢复周礼,从你做起,从我做起,人人都仁义,人人都讲"礼",这个世界就美好了。

听着是挺好,可是这里有一个漏洞:在一个人人都不讲"礼"的时代,谁讲"礼",谁就会吃亏。

有一个非常有名的故事。话说在周朝早期的时候,在各个诸侯国里只有贵族才能上战场,而且各个国家的贵族之间多少都沾亲带故,所以打仗的时候,有很多客客气气的规矩,比如敌对双方要互相问好,比如对方败了不能穷追猛打。总之,就是要互相保留体面,手下留情,这也是"礼"的一部分。

到了春秋时期,有一个君王叫宋襄公。一次,宋襄公带领军队和楚国人打仗。宋军已经摆好了阵形,但是楚军还在过河。这个时候,宋襄公的大臣就建议他说,现在楚军只有一小部分人渡过了河,咱们应该趁这个机会立刻出击,以少胜多。可是宋襄公拒绝了,因为按照"礼",不应该依靠地形的优势占敌人的便宜。后来,楚军渡过了河,但是还没有摆好阵形。宋襄公的大臣又劝他趁机进攻,他又拒绝了。理由是,在敌人没有摆好阵形的时候进攻,这也不符合"礼"。再后来,楚军摆好了阵形,就把宋襄公打败了。这宋襄公回去之后,还受到了自己人的埋怨。[1]

这件事从道理上讲,宋襄公并没有错。在今天,连小朋友都知道,做人应该讲道德,应该守规矩。宋襄公遵守的是过去的"礼",是老规矩。这人放到今天,就是一个宁可绕路不踩草坪、宁可迟到不插队的人,这有什么错呢?

可是,战争最残酷的地方是没有人会因为你遵守道

---

[1] 参见:《史记·宋微子世家》《左传·僖公二十二年》

德给你加分,为你让路。在战争中只有输赢。孔子给君王们提供的建议是守"礼",可是君王们关心的是怎么能够打胜仗。这就像一个德育老师向足球队员们强调赛场上一定要讲礼貌一样,你也不能说德育老师说得不对,但是你也不能指望着足球队员们在球场上互相谦让吧?

孔子生前曾经四处拜访国君,"推销"自己的观点,但是没有一个君王真心重用他。最后,孔子在失望中去世。天下没有恢复孔子所期望的秩序,反倒是一天比一天更乱,战争越来越多。

等到这世界乱到一定程度的时候,一个新的社会组织出现了。

 知识小结

- 面对春秋乱世,孔子希望能恢复"周礼"。
- 孔子认为,"礼"来自于人内心的善念"仁"。"礼"外在的形式不重要,内心有没有"仁"最重要。
- 孔子打破了周朝贵族制度的观念,认为人的高低贵贱不看血缘高贵与否,而在于能不能遵守"礼"和"仁"。
- 孔子肯定了人的价值。在孔子看来,拯救世界不需要崇拜神灵、仰仗权贵,只要做好自己,人人都是世界的"大救星"。
- 但是,孔子认为"礼"和"仁"可以恢复东周秩序的主张,不适合时代的需求。最终,孔子的主张并没有被君王们采纳。

经典原文

- 《论语·八佾》:"周监于二代,郁郁乎文哉!吾

从周。"

这是孔子的政治理想。他欣赏周朝的制度,宣称自己要遵从它。

- 《论语·卫灵公》:"有教无类。"

这是孔子的教育主张。他认为,教育不分对象,人人都有受教育的权利。

- 《论语·里仁》:"朝闻道,夕死可矣。"《论语·雍也》:"一箪食,一瓢饮,在陋巷,人不堪其忧,回也不改其乐。"

这是孔子的生活态度。他向往并称颂安贫乐道的生活,认为精神的丰富可以抵御物质的贫乏。

第三章
墨子：站在孔子对面的『平民代表』

春秋时期出现了什么新事物？

原始时代，生存环境十分恶劣，原始人必须结合成一个团体，才能在残酷的世界里活下去。

但是，原始人中并不是随便几个人就能结成这样的团体，他们"组团"有个特别的要求：不允许有自私的人出现，否则这个团体很快就会崩溃。因为这个条件太苛刻了，所以在原始时代，人们只能依赖于自己的家族，很少依赖陌生人；还因为原始人不怎么会说话，所以陌生人之间不知道该怎么交流，也就很难建立彼此之间的信任关系。

等到了春秋战国时期，情况就不一样了。

当人们掌握了复杂的语言后，陌生人之间也可以很顺畅地相互承诺、交流感情。就是说，不一定非要有血缘关系，也可以建立起互相信任和帮助的小团体，尤其是在家族没法保护个人的时候，这样的小团体就更有必

要了。

在古代，随着社会结构越来越复杂，很多平民百姓失去了家族的保护。比如从事手工业、采矿业、交通业和商业的人要离开家乡去其他地方谋生，就得不到家族的保护了。另外，还有一些人和家族之间发生了矛盾，不得不离家出走，再加上战乱、盗匪和灾荒等因素，也会造成大量缺少家族庇护的"流动人口"。

这些平民百姓都希望能有一个类似家族的互助团体来保护自己。既然大家都有这个需要，那么，很自然地，这些人就联合起来，自己保护自己，组成了一个个民间的互助组织。在古代，凡是官府和家族管不到的地方，都会有这样的组织。

比如古代的官府很难管理流动人口，所以运输和走私行业里，就有漕帮、盐帮；官府也难以控制荒郊野岭这些"盲区"，所以山林里有土匪、强盗、绿林好汉……这个现象在今天的生活里也存在：在学校课间的走廊里、在放学后学校的角落里、在周末同学的聚会中，只要是老师、家长管不到的地方，就一定会形成学生自发组织的小团体。

当然，这些小团体和古代的帮会不同。因为我们生活在一个可以随时"告老师""告家长"，可以随时报警的时代。所以，那些会触犯校规和法规的事，这些小团体都干不了。但是，并不是所有的事情老师、家长和警察都管。很多小事，比如，谁夸了谁、谁骂了谁、谁传了谁的坏话、谁闹着玩被推了一下、谁有意无意踩脏了谁的作业本……这些家长和老师不会亲自去管的"小事"，就由学生自发组织的小团体去处理。

春秋战国时期的社会也是这样。当时，因为经济发展，社会上已经出现了很多脱离家族的商人、手工业者。再加上战乱让很多人流离失所，这就导致社会上出现了很多平民百姓自发组织的小团体，他们一起生活、互相帮助。

在这些团体中，最成功的领导者是一个被我们叫作"墨子"的人。墨子不仅成功地建立过几百人规模的民间组织，还试图把他领导团队的经验总结成哲学理论，推广到全天下。

在当时的社会里，墨子的身份地位比孔子低。我们

知道孔子是个没落的贵族,虽然没落,但好歹还是贵族,一辈子为生计发愁的次数不多。墨子不一样,按照今天的说法,他是个底层劳动人民,在社会里摸爬滚打过。① 所以,墨子看待这个世界的视角,和孔子完全不一样。

怎么个不一样呢?孔子是站在贵族的角度"居高临下"看的,所以孔子谈论的动不动就是"周朝的制度是什么""一个贵族应该怎么做",喜欢谈论的是这些听起来很高端的"上层建筑"。

孔子的生活经验来自于贵族的家庭生活,这种生活是温情脉脉的,所以孔子一省察自己的心理活动,就发现了人和人之间的爱应该来自于亲情。

墨子则完全不一样。[1] 墨子处于当时的社会底层,他和他的弟子组织了几个数百人规模的小团体。② 这些小团体都是自发组织起来的,这就和之前人们熟悉的大家族完全不一样。墨子在这样的团体里,体验到了一种全新的社会关系:普通成员之间人人平等。

我们都知道,家族成员之间是不平等的。家族成员

---

① 参见:《墨子·贵义》
② 参见:《墨子·公输》《吕氏春秋·离俗览》《淮南子·泰族训》

靠血缘关系连在一起,自然就有长幼尊卑的次序。可是,民间的自发组织就不能这样了,加入这些组织全凭自愿,谁愿意一来就低人一等呢?

更重要的是,自发组织的团体的核心功能是"互助",每个成员都要承担相同的责任和义务。所以古人在"拜把子"或拉帮结伙的时候,喊的口号都是"有福同享,有难同当"。这个"同"字,就是说大家都是一样的,也就是平等的——我应该对每一个人都好,每一个人也都应该对我好。

用墨子的话说,这种平等互爱的状态,叫作"兼爱",这是在大家族里见不到的东西。墨子发现,这种兼爱的状态,可比家族好多了啊。

家族是靠血缘关系联系在一起的,有血缘,就会有远近亲疏。所以站在孔子那一派的人认为,人和人的爱是有差别的。我们最爱的是自己最亲近的人,比如父母、子女;然后再爱和自己关系远一点儿的人,比如远亲、近邻;最后,如果再有余力的话,我们才会去爱陌生人。这种由近及远的爱,用另一个中国古代思想家、哲学家孟子的话来说,叫作"老吾老,以及人之老;幼吾幼,

以及人之幼"①。

墨子发现,孔孟的理论看上去是在主张"爱天下所有人",但其实有漏洞:人和人之间总会有利益冲突。那么,假如我亲近的人和陌生人之间发生了冲突,那不是应该帮助我亲近的人去对抗陌生人吗?那这实际上还是会引发人和人之间的矛盾。就好比世界上发生的那些战争中,战争双方不都是声称"我上战场是为了保护我的亲人、保护我们国家的妇孺"吗?那这有等级差别的爱,

① 参见:《孟子·梁惠王上》

不还是会引起天下大乱吗?

因此,墨子就认为,我们应该推广"兼爱",如果全世界每个人都能平等地爱别人,才可以真正实现世界和平。①

这"兼爱"听起来确实是挺好,可问题是:它能实现吗?

春秋战国时期明明是一个战火不断的乱世,在这个人对人越来越残忍,人心越来越阴暗的时代,怎么可能让天下人说爱就互相爱起来了呢?

墨子也觉得这是一个问题,在他的作品里,有很多对"兼爱"的质疑。其中他质疑最多的就是:这玩意儿能实现吗?

墨子还是认为:能。因为他在民间自发组织的团体里发现了一个人类社会的秘密。

墨子认为"不被欺负"的秘诀是什么?

在上个世纪八十年代,曾经有一个很有名的实验。

① 参见:《墨子·兼爱上》

实验者模拟了人们互相交往的过程,想研究采取什么样的沟通策略,对自己的好处最大。

最后获胜的策略非常简单,叫作"以牙还牙"。

简单地说,就是你做的任何事,都模仿对手上一轮对你做的事:对手上一轮对你好,你这一轮就对他好;他上一轮伤害了你,你这一轮也伤害他。凡是采取这个策略的人,在社交中能得到最多的帮助,受到最少的伤害。

这个结论非常符合我们的生活经验:在一个没有规则的世界里,我们怎么能尽量多交朋友、少被欺负呢?方法就是我们用实际行动告诉所有人:我是个有恩必偿、有仇必报的人。那么,别人为了他自己的利益最大化,也就只能尽量对我好了。

在原始时代,这个策略就是生存的最优解。所以,我们人类在演化的过程中,都留下了强烈的"报复"本能。你可能有过这样的体验:某天,你突然想起来好多年前一件被别人欺负的事,于是,你突然怒从心头起,情绪激动得不得了,恨不得穿越回去把那个人揍一顿。这突然燃起的无名之火,正是这个策略给我们留下的本能。

但是，要注意啊，这个策略是有使用范围的，只有在缺乏规则的领域才是最优解。比如人和人之间的交往，谁和谁做朋友，谁说了谁的坏话，这些事是没有什么规范来干涉的，所以我们日常社交的时候，就要遵守"以牙还牙"的原则——对好人更好，对坏人更坏，否则就会吃亏。

但是，这个"但是"很重要，对于那些有强力规则的领域，那就得优先遵守规则，而不是"以牙还牙"。比如说，一个生活在古代的普通老百姓，如果被官府处置了，那能让这个人对官府也来一个"以牙还牙"吗？在大堂上这个人被打了十大板子，他能说"我为了以后不吃亏，所以现在要爬起来打衙役一顿"吗？显然这是自找倒霉。在有强力规则的环境下，"以牙还牙"的策略就不成立了。

正是因为这个道理，生活在贵族大家庭里的孔子，就感受不到"以牙还牙"有多么重要。因为贵族的家庭是靠"礼"这个强力规则来维持秩序的，长辈训斥晚辈那是应该的，没处说理去。

墨子就不一样了。民间组织里，没有强大的官府，没有强力的规则，只有遵守"以牙还牙"的人才能生存

下去,所以,墨子觉得"以牙还牙"就是人间的常态。

因为这个原因,墨子认为,人和人之间的爱也不是来自于内心,而是来自于"以牙还牙"的策略。他认为,哪有什么无缘无故的爱?人们都是为了得到回报,才会去爱别人。①

接下来,墨子认为他发现恢复世界和平的秘密了:既然人和人之间的关系是"以牙还牙",那么一个头脑正常的人,为什么要伤害别人,而引得别人也来伤害自己呢?为了自己好,他应该去爱别人。多简单啊,只要这世上的人都懂得这个道理,世界不就和平了吗?

那怎么能让世上的人都懂得这个道理呢?

墨子说,我亲自示范给你们看!我要建立一个人人"兼爱"的团体,来告诉你们"兼爱"的好处。我要通过实际行动,去说服各个诸侯国的君王学会"兼爱"。只要这些君王能以身作则,下面的百姓自然会效仿,最后全天下也就实现"兼爱"了。②

墨子的确是这么做的。他建立了"墨家团体",周游

---

① 参见:《墨子·兼爱中》
② 参见:《墨子·兼爱中》《墨子·兼爱下》

墨子：站在孔子对面的"平民代表"

列国，亲力亲为，搞了个"道德文明示范团"。

这是墨子了不起之处。春秋战国时期的思想家，能说的多，能做的少。曾经有一次，孔子的一个弟子还被农民打扮的人嘲笑说："你们这帮念书的，不从事生产，不参加劳动，五谷都分不清……"[①]而墨子呢，是少有的身体力行的"带头人"，套用今天的话说，叫作"不当键盘侠""我行我真上"。

① 参见：《论语·微子》

可结果呢,墨子还是失败了。

为什么呢?

墨子的漏洞是什么?

墨子和孔子犯了同样的错误:他们只看到了这个社会的局部规律,就以为这些规律可以推广到全天下。

孔子看到自己身边的家族可以过着温情脉脉的生活,就以为全天下都可以用家族关系来维持秩序。

墨子看到自己身边的伙伴可以肝胆相照地互相守望,就以为四海之内都可以成为兄弟。

墨子的逻辑建立在两个假设之上——

第一,假设全天下的人都依照理性行事,让自己的利益最大化;

第二,假设在全社会范围内,与人为善是利益最大化的最优解。

可是,这两个假设都错了。

先说第一个。

举个简单的例子。在一个人人是"理性人"的世界里，几乎是不会有犯罪的。因为理性的法律制定者，一定会让犯罪的代价大于犯罪的收益（比如，如果偷盗有十分之一的概率被抓，那么就让偷盗一元钱的惩罚大于十元钱）。那么，一个理性的人，在绝大多数情况下是不会去犯罪的。

同样的道理，在一个人人是"理性人"的学校里，学校只需要公布校园规则和惩罚的内容即可，但实际上惩罚的内容都没必要，因为不会有理性的学生去触犯规则。

但是显然，真实的世界不是这样。今天的心理学已经发现，人类在很多时候，都是不理性的。

这是墨子的第一个错误：人们并不是像他想象的那样，都依照理性行事。

墨子的第二个错误是，"以牙还牙"的策略，在全社会范围内并不是人与人相处的最优解。

"以牙还牙"这个策略之所以能够成立，有一个前提，受害者必须有能力反击加害者。但是，在很多情况下，并不存在这样的条件。

举个例子。你可能听说过一句话："哪里有压迫，哪

里就有反抗。"古代的君王要是对百姓特别不好,总压榨、奴役百姓,那么百姓也会对君王不好,最后揭竿而起,把君王给推翻了。看上去,这件事特别符合"以牙还牙"的逻辑。按照这个逻辑,君王为了自己好,就应该施行仁政,爱护百姓。

但事实上并非如此。

比如说,后来秦始皇统一了中国。那么,假设有一天,秦始皇指使某个地区的官吏加征赋税,平白无辜地找百姓索要更多的粮食。他这么做对百姓不好了,百姓当然会不高兴。但是接下来,百姓会干吗呢?"以牙还牙",拿把锄头出来抗税吗?那地区官吏就会把这个百姓抓到大牢里,把他全家的粮食都没收,这事就结了。这件事根本不会给秦始皇带来任何触动,这个我们看起来蒙冤被欺负的百姓到秦始皇那里,只是官员汇报数据上的一个小数点而已。

换句话说,"以牙还牙"这件事对于秦始皇来说根本不存在,他没有感受到任何报复。而且当百姓意识到"以牙还牙"是无效甚至对自己全家更不利的时候,百姓根本就不会采取抗税的做法,而是只要没有被逼到绝路,就会逆来顺受，乖乖交税。

也就是说，在真实的历史里，秦始皇其实连一个小数点都不会看到。他能看到的是对百姓越苛刻的官吏，上报的财务数据越漂亮，越值得嘉奖。

所以，在古代的君王看来，利益最大化的最优解并不是对百姓好，而是尽量压榨、奴役百姓，只要别太过分就行。墨子的"兼爱"，不符合君王的利益，也就不会被君王们接受。

墨子的一生和孔子类似，他周游列国，不断向君王们"推销"自己的观点。最后，也没有哪个君王能真正接受他的主张。

不过，相比孔子，墨子还更受欢迎一点儿。主要是因为墨子作为手工业者，掌握了很多机械技术，他用这些技术发明了很多攻城和守城的器械，在当时是非常难得的军事技术人才。

讽刺的是，墨子主张"非攻"，也就是反对战争。可是，君王们看重的恰恰就是墨子的战争技术，他们把墨子的"兼爱"主张扔到一边，只想着怎么能再多赢一场仗，多占一座城。

世界正在朝着和墨子的期待相反的方向,越走越远。

战国时期最大的变化是什么?

墨子生活在春秋和战国交替的时期。

春秋和战国最明显的区别是社会的混乱程度又高了一个层次:春秋前期,上战场的主要都是贵族,在战场上仍讲究一些规矩，有时还可以点到为止；从春秋后期开始，战场上的平民越来越多，战争规模越来越大，伤亡越来越重，双方越来越不择手段。

更要命的是，诸侯们对周王的态度也发生了改变。

你可能听说过一个词，叫"春秋五霸"，它指的是春秋时期，有五个诸侯国的统治者轮流当上了霸主。然而这个"霸"字，在春秋战国时期和"伯"字通假[①]。在古代文献里，"春秋五霸"有时候又被称作"春秋五伯"。

为什么叫"伯"呢？有一种说法是这个"伯"就是"伯仲叔季"的"伯"。"伯仲叔季"是古代给兄弟排次序的称呼，"伯"指的是兄弟里的大哥，就像我们今天还有"大伯""伯伯"这样的称呼。按照这个解释，"春秋五霸"的意思就不是"霸道的主人"，而是"天下诸侯的大哥"。

我们说过，周朝是按照家族来管理天下的。周王就相当于是家族的大家长，诸侯是这个家族的成员。诸侯国争相称"伯"的意思就是说，他们都想来当这个家族的"大哥"，并以"大哥"的名义号召其他兄弟。

换句话说，在春秋的时候，虽然周王已经没有实际

---

① 参见：《说文解字》

的权力了,但是大家还是尊重他的地位,在名义上把他当大家长。那些称霸的诸侯只是想当"大哥",而整个天下的秩序还保持着大家族的结构。也就是说,在表面上,诸侯们还给周王面子,保持着旧制度。

但是,到了战国时期,大家连面子都不想给周王了。诸侯们一个个也开始称王,都要和周王平起平坐。换句话说,什么"宗法制"啊,什么旧制度啊,公开不承认了!

孔子的梦想是回到周礼,但是到了战国时期,诸侯们用实际行动宣布:这个世界要抛弃所有的旧制度,我们要迎来一个全新的世界。

如果让你来拯救一个陌生的新世界,你该怎么做?

 知识小结

- 春秋时期，有很多平民百姓脱离了家族关系，自己联合在一起组成小团体，以求生存。他们和家族不同，不遵从血缘关系里的长幼尊卑规则，而是主张人人为我，我为人人。
- 墨子从小团体里获得灵感，提出了"兼爱"的想法。他认为只要全社会讲求人人平等，互相扶持，就能实现世界和平。
- 可是，"兼爱"的观念只适合小团体，无法推广到全社会，特别是无法满足君王的利益，因此墨子的想法没有实现。

经典原文：

- 《墨子·兼爱》："兼相爱，交相利。"

  这是墨子心中的理想社会：人人互相关爱，都能够得到利益。这其实和我们今天的社会很类似：既鼓励无私奉献，也主张互惠互利。

第四章
孟子：用爱征服世界的『仁者』

在孟子看来,什么是永远不变的真理?

这一次的主角,我们叫他"孟子"。

孟子生活的时代,比孔子和墨子都晚。孔子是春秋时期的人,墨子横跨了春秋和战国,孟子则是战国时期的人。

战国时期,出现了一大堆从前人们没见过的新情况:战争不断扩大,诸侯纷纷称王。权贵们在朝堂上兴致勃勃地谈论着最新的战争技术以及富国强兵的秘诀,这和孔子生活的那个彬彬有礼的时代完全不一样了。

这个世界,处处都在变化,今天想出的道理,明天可能就是错的,那怎么办呢?

最好的办法是先找找这个世界上有哪些道理是永远不变的。把这些"永远不变的道理"当作基础,去推理出各种各样的结论,这样,不管这个世界怎么变化,再出现什么新情况,这套方案都可以适用。

诸子百家闪耀时

要注意的是,在哲学上,"永远不变"是个非常苛刻的要求,它必须抛开一切外在的条件。你不能说"我这个道理只有宗法制下才有用,换个时代就不灵了"或者"这个道理只适合读过书的人,没读书的人不管用"。

这些在任何情况下都成立的道理,能找到吗?

孟子认为:能。

孟子发现的这个道理,用通俗的话来说,叫作"每个人心中都存在善念"。

在一般人的概念里,"善良"是后天教育的结果。一个人不接受教育,就不知道什么是善,什么是恶。

孟子认为:不是这样的。在他看来,这个世界上的每个人心中都有一个善念。

这个善念,跟这是一个什么样的人、他的父母是谁、他生活在什么环境里、他念了哪些书,全都没有关系。它就像一粒种子一样,生长在每个人的心里,是绝对不会消失的。[1]

孟子的这个观点,被称为"性善论"。①

这里,先澄清一个误会。有些人可能认为,孟子的

---

① 参见:《孟子·尽心上》《孟子·告子上》《孟子·公孙丑上》

意思是说，人性好像是一朵白莲花，人刚出生的时候很洁白，长大以后就有可能被污染了。也就是说，这里的"性善"有年龄的限制：人小的时候善良，长大了可就不一定了。

但孟子不是这个意思。孟子说的是，善念就好像是一粒种子，这粒种子是坚不可摧的，人在任何情况下，都会存有那一点儿善念。[2]

孟子提出了两个证据。

第一个证据是：假设有一个人，正好看到一个孩子马上要掉到井里去了，即使这个人跟这个孩子没有任何关系，也不想讨好孩子的父母，更没想过被别人表扬，他仍然会莫名地感到惊慌并产生同情心。[1]这就说明任何人的心中都有善念，而且这个善念是人的本能，而不是像墨子说的那样，是为了谋取私利。

第二个证据和第一个证据类似。孟子说，世上所有两三岁的孩子都爱他们的父母，所有孩子长大后也都会敬重他们的兄长。这就说明，善念是不需要教的，是人

---

[1] 参见：《孟子·公孙丑上》

本来就有的。①

我们先不讨论这两个证据对不对,暂时接受孟子的结论,就认为每个人的心中都有善念,那这跟拯救世界有什么关系呢?

孟子认为,如果一个人努力培育"善念"这粒种子,不断地提升自己,那么最后他就可以变成一个道德修养特别好的人。②而每个人生活的环境不一样,不一定人人都能成为这样的大好人。③但是,过去那些伟大的君王,他们肯定是这种大好人,因为他们都是用善念来治理国家、对待百姓的。④

这种依靠善念治国的策略,孟子把它叫作"仁政"。

"仁政"具体要干吗呢?最重要的一条就是君王要爱护百姓,少收赋税,⑤让百姓吃饱穿暖。⑥在保证百姓温

---

① 参见:《孟子·尽心上》
② 参见:《孟子·告子上》
③ 参见:《孟子·告子上》《孟子·尽子上》
④ 参见:《孟子·公孙丑上》
⑤ 参见:《孟子·梁惠王上》《孟子·尽心下》
⑥ 参见:《孟子·梁惠王上》《孟子·梁惠王下》《孟子·尽心上》

饱的基础上，君王还要向百姓提供教育资源，让他们接受教育。①

孟子认为，当君王就应该施行仁政。

站在百姓的立场上，我们当然同意孟子的说法。但问题是，在孟子所处的战国时期，诸侯国之间每天都在打打杀杀，君王们最担心的是不知道哪天自己就被别的君王给灭了。这"仁政"说着好听，它到底能不能帮助君王保卫国家、征服天下呢？

孟子说：能。

为什么呢？因为孟子发现了能让国家强大的关键。在这一点上，孟子比孔子和墨子更进步。

前面说过，孔子和墨子两个人对于政治的看法，都犯了以偏概全的错误。孔子关心"礼"，是因为他只关注贵族这些社会上层；墨子主张"以牙还牙"，是因为他只关注平民这些社会底层。但这并不是说孔子和墨子都是笨蛋，他们的局限性和生活的时代环境有关。

在孔子生活的时代，全社会在很多方面还在沿用西周的旧制度，贵族在社会上的地位非常高。贵族可以直

---

① 参见：《孟子·滕文公上》

接掌控百姓,并且这些百姓属于这个贵族的私有财产,国君是管不了的。国君能直接管理的,只有贵族本人。所以,国家要干什么事,需要贵族亲自去干,甚至打仗,也是贵族自己拿着武器,带着私人卫队上战场。战争能不能赢,就看这些贵族和他的军队给不给力。所以,孔子自然就认为,国家兴亡的关键在贵族的身上。

在墨子生活的时代,因为战乱,好多平民百姓脱离了贵族的管理,只能自己联合在一起求生存。这些民间团体在那时是全新的事物,非常时髦。所以,墨子对自己的"兼爱"主张报以特别高的期待,以为这就是未来发展的大趋势。这就好比我们今天那些最新的科技发明,人们也常常会对它们报以过高的期望一样。

等到了孟子的时代,情况又不一样了。有些君王已经不依赖贵族管理国家了,他们可以直接控制自己国家的大多数百姓,直接向百姓们征兵收税。所以,到了这个时代,战争的胜负在很大程度上取决于国家对百姓的动员能力。说白了,就是哪个国君能组织起来的百姓多,并且这些百姓平时肯交粮,上战场肯拼命,这个国家获得战争胜利的概率就比别的国家大。

总而言之一句话,孟子的时代和孔子、墨子时代的政治规则不一样了。

如果说孔子的时代是"得贵族者得天下",那么,到了孟子的时代就是"能组织百姓者得天下"了。

于是,孟子找到了施行仁政最好的理由。

孟子认为,用仁政能够增强国家对百姓的动员能力。

首先,施行仁政可以增加人口数量。

我们想,所有平民百姓都喜欢过丰衣足食的生活,不喜欢暴虐苛刻的君王吧?所以,孟子认为,君王一旦施行仁政,那些遭受暴政的百姓就会归附仁君,这个君王所掌控的人口数量就能增加了。①

此外,一个国家的强弱,不能光看人口多少,还得看这个国家的百姓能不能积极生产、勇敢打仗。

孟子就说了,如果施行仁政,百姓吃得饱穿得暖,他们就好好干活,不干坏事了。②用今天的话说,这就降低了社会的管理成本,国家可以更顺利地获得税收。再者,官员对百姓好,百姓也会对官员好,甚至愿意为官员和国家牺牲自己的性命。③那这样的百姓上了战场,能不勇敢作战吗?

更重要的是,施行仁政还能打胜仗。

试想一下,如果是施行仁政的君王去和暴君打仗,百姓会支持谁呢?当然是支持仁君,谁不愿意被仁君统治呀?所以,真到了打仗的时候,不仅仁君自己国家的

---

① 参见:《孟子·公孙丑上》《孟子·离娄上》
② 参见:《孟子·梁惠王上》
③ 参见:《孟子·梁惠王下》

百姓会努力作战，就连暴君国家里的百姓，也会掉过头去支持仁君。①等到仁君的军队打过来了，暴君国家的百姓甚至还会带着食物去迎接②，惊不惊喜？意不意外？

这场面用孟子的话说，叫作："得道者多助，失道者寡助。"③只有你是一个好人，别人才会帮助你嘛！如果你能好到极点，全天下人都帮助你，那不就可以统治天下了吗？④

所以，孟子说："仁者无敌。"⑤当一个仁爱的君王，就可以战无不胜，一统天下。

那么，孟子说得对吗？

"仁者"真的可以天下无敌吗？

我们要注意，孟子的这套理论是从一个他认为永远不变的真理出发推断出来的。在他看来，这个真理在任

---
① 参见：《孟子·公孙丑上》《孟子·滕文公下》《孟子·尽心下》
② 参见：《孟子·梁惠王下》
③ 参见：《孟子·公孙丑下》
④ 参见：《孟子·梁惠王上》《孟子·公孙丑下》《孟子·滕文公下》
⑤ 参见：《孟子·梁惠王上》

何情况下都成立。

那么,如果孟子的逻辑没有问题,他的理论应该是能实现的。也就是说,在孟子之后的世界里,应该是越仁德、心眼儿越好的人,地位越高,权力越大。照此说来,那些古代王朝的权力斗争,就应该简化成"道德模范评选大会",每个参评者上台让百姓打一个道德分,得分最高的直接当君王就行了。①

显然,真正的历史并不是这样的。

那么,孟子的问题出在哪儿了呢?我们首先回顾一下孟子提出的那两个证据。

孟子认为,心存善念是人的本性。他提出了两个证据:一个是,有一个人见到陌生的孩子快要掉到井里了,他会不由自主地感到惊恐并产生同情心;另一个是,世上所有两三岁的孩子都爱自己的父母,这些孩子长大后都会敬重自己的兄长。

从这两个证据来看,孟子的观察是非常敏锐的,他对人性的认识达到了当时知识水平下的最高水准。

现在,我们暂时抛开孟子的思路,先用今天的观点

① 参见:《孟子·尽心下》

和理论来解释一下孟子所说的证据是怎么回事。

孟子说，如果有人见到孩子马上要掉到井里了，就会感到惊恐并产生同情心。这证据举得没错，人们见到可爱的陌生孩子的确会心生欢喜，见到陌生孩子遇到危险，大多数人也都会想要去保护他。今天我们怎么解释这种现象呢？科学家认为，这是生物演化的结果。

在这个世界上，有很多动物的幼崽出生以后还不能独立生存，需要爸爸妈妈照顾一段时间。但是，动物又不会思考，怎么就知道应该照顾自己的后代呢？于是，这些动物演化出了一种本能：在动物幼崽还没有长大、需要父母照顾的阶段，它们会拥有一些特殊的生理特征——让成年的动物看了就特别喜欢，特别想保护它们。这些特征包括：头部相比身体更大，四肢相对短小；眼睛在头部更靠下的位置，并且眼睛比较大；叫声十分奶声奶气……一言以蔽之，它们非常"萌"。

人类的身体里也有类似的基因，所以，当我们看到拥有上述特征的动物时，就会忍不住觉得它们可爱。哪怕是狮子和老虎这种猛兽的幼崽，我们也觉得它们挺可爱的。

人类还会选择自己觉得可爱的动物当作宠物来养，所以，我们今天常见的宠物猫、狗，即便是长到成年，仍然会保持幼崽时期的生理特征。我们很多人对宠物的爱，有点儿像父母对孩子的爱，这是因为这个"可爱"的源头，其实就是父爱和母爱的延伸。

明白了这个道理，我们再看孟子那个"陌生孩子快掉井里"的证据就不觉得意外了，这种同情心是基因本能的结果。类似的道理，在孟子的第二个证据中，"两三岁的孩子都喜欢自己的父母"，这也是基因的本能。这种本能的目的是让孩子不离开父母的保护，从而增加他们活下来的概率。

好了，说到这里，我们再来看孟子的理论。

首先，我们得赞扬孟子的洞察力非常强。基因的本能的确人人都有，也确实不依赖于后天的学习和思考。这一点，孟子没说错。

但是，另一方面，这个基因本能跟孟子说的"善念"还不是一回事。

按照孟子的意思，如果一个人从"善念"出发，不断地培育它、发展它，那么最后这个人就可以成为一个道德完人,做大臣就兢兢业业、刚正不阿,做君王就节衣缩食、爱民如子。可是,如果我们按照"人类喜欢幼崽"的基因本能来理解"善念",那么,不断发展它的结果就不会是成为道德完人,而是应该把君王和大臣们变成一群喜欢孩子、萌宠,天天在小区里喂流浪猫、狗的暖男才对。

这两条路的差距有点儿大啊!它们是从哪里开始分岔了呢?

就从第二个证据的后半句开始。在这个证据里,孟子说,你看,这世上哪儿有孩子长大了不敬重自己兄长的呢?

哪儿有?这不是挺多的吗?

按照我们今天的经验,"孩子敬重兄长"其实是后天教育的结果,是孩子个人的选择,那这就不属于那种"永远不变"的道理。从这里再推理下去,孟子的理论就不再是逻辑严密的哲学思辨,而仅仅是日常生活的经验总结了。[3]

不过,孟子的理论还有救。

在孟子看来,"善念"是一粒种子,在每个人心中都

有。但是,这粒种子最后能不能占据这个人的内心,还需要经过后天的教育和个人的努力。

说到底,孟子的救国方案里还是需要孔子大力倡导的教育。那么,我们不妨后退一步,先不管孟子关于人性的看法,就假设他遇到了一位仁德的君王,这位君王满足了百姓的温饱需要,还在百姓中开展了教育。那么,这样就可以拯救世界了吗?

还是不行。这又是为什么呢?

因为孟子的理论里还有另一个漏洞。

孟子认为,施行仁政可以让国家变得强大,施行暴政则会让国家走向衰弱。

这里有一部分观点是成立的。比如仁君努力满足百姓的温饱需要,就可以鼓励国民多繁衍人口,增强国力。

但是,暴君就不让百姓繁衍人口吗?

在战国时期,有一派学者的主张和孟子正好相反,他们认为,君王应该把百姓当成牲畜一样使唤,百姓的价值就是给君王种田打仗。这个学派,被称为"法家"。

法家的君王把自己当成了屠夫,把百姓当成了牲畜。

这种想法在今天看来当然很坏,可是,屠夫也要让牲畜活下去。暴君为了一己私利,同样要让百姓吃饱穿暖,尽量多繁衍壮劳力,好让百姓为他服务。所以,仅仅从繁衍人口这点上来说,仁政并没有明显的优势。

除了繁衍更多的人口外,孟子还提到了仁政的另一个好处:百姓都喜欢仁君,所以仁君和暴君打仗的时候,百姓都会支持仁君,甚至暴君统治下的百姓会拒绝作战,反而欢迎仁君占领他们的国家。

这个理论听上去很有道理,因为它的逻辑是基于人的本性——趋乐避苦。人们都怕死、怕挨揍,都希望自己能吃穿更好一点儿,那百姓怎么可能不支持仁君呢?

然而,孟子的漏洞恰恰就在这里。

试想一下,假如你是一个战国时期的百姓,统治你的人是个暴君。有一天,邻国仁君的军队打过来了,这时候,你们村子里的官员一脚踹开你的家门,挥着一把大刀说:"上头的命令,要打仗了,每人再多交一石粮食!"

你会是什么反应呢?

你会不会像孟子推测的那样,一把推开大刀,冲官员咒骂道:"你这个坏人!我咒这残酷无道的暴君不得好

死！仁君待百姓如同父母一样，我怎么可能和我的父母为敌！我不会给你一粒粮食，我要留着粮食，去迎接仁君的军队！"①

你会这么干吗？

你还是会在心里盘算一下，发现交了这一石粮食后，全家人还勉强饿不死；不交，反倒全家性命难保，于是，赶紧谄笑着为官差们准备好粮食。官差称粮食的时候，你甚至还往人家兜里偷偷塞了两个鸡蛋，期望人家可以手下留一点点情。

大多数人的反应是乖乖备粮的后者，对吧？

正因为人的本性是趋乐避苦，是贪生怕死，所以大部分百姓的生存方式是苟活；是谁拿刀枪来威胁我，我就给谁交粮食；是但凡有一条活路，我就不会反抗；是如果暴君承诺杀掉一个仁君的士兵就可以升官发财，那么，我就会在战场上奋勇杀敌。这才是人真正的本性。

在战国时期，有一个被后人叫作"韩非子"的人尖刻地批评了孟子的理论。韩非子说，这孔子是天下最讲仁义道德的人吧，按照孟子的逻辑，孔子应该得到全天

---

① 参见：《孟子·梁惠王上》《孟子·公孙丑上》《孟子·梁惠王下》

孟子：用爱征服世界的"仁者"

下人的支持吧，可最后孔子怎么就只有那么点儿弟子呢？换句话说，主张"君王讲仁义就可以天下称王"，这是要求全天下的人都跟孔子的弟子一样道德高尚，这显然是不现实的。①

所以，孟子错了。错在哪儿了呢？打一开始就错了。

---

① 参见：《韩非子·五蠹》

诸子百家闪耀时

我们接下来,再重新看看孟子的"性善论",就会发现,他刚迈出第一步的时候,就已经踩进了"坑"里。

人的本性是善良的吗?

我们之前说过,孟子认为,每个人心中都存有善念。现在,我们再多记住一个名词:"心"。

孟子给这个人人都有的,不会消失的善念起了一个名字,叫作"心"。①他认为,这个"心"不依赖后天的学习、思考就能存在。

注意,这个描述的分量是非常重的。这就相当于说,一个人只要一出生,这个"心"就必然存在。而且无论这个人之后学习了什么,经历过什么,这个"心"都不会被改变。也就是说,这个"心"是永存的,是不可摧毁的。

而我们头脑中的其他想法呢,都是需要通过后来的学习和经历才能获得的。所以,这些想法也就可以被之后的学习和经历改变,因而它们是可以被摧毁的。

① 参见:《孟子·告子上》《孟子·尽心上》

因此，在孟子看来，在我们的头脑里，"心"这个东西相对于其他想法，占有绝对的优势地位。

孟子对此有一个比喻，他说人性就好像是水。水虽然可以流到各个地方，虽然可以溅起水花，但是水总有向下流的"趋势"，这个"趋势"就是人的善念。①也就是说，虽然一个人可能因为后天的环境原因学坏，但是这些坏想法、坏念头只是暂时的，不可阻挡的大趋势是向善的"心"。

更重要的是，因为善良才是人性最本质的那一部分，所以，到最后，一个人可以实现完全的善。到了那个境界，善念就会充沛四方、无所不在②，并且还在人的心里起到决定性的作用，那些诸如自私自利的其他想法和念头，都无法和它抗衡。

孟子关于"仁政"的那一大套理论，只有在人们的善念能彻底战胜私欲的前提下，才能成立。

然而，今天我们所知道的心理学和社会科学的结论正好和孟子的理论相反。今天的结论是，人们虽然可以

---

① 参见：《孟子·告子上》
② 参见：《孟子·公孙丑上》

诸子百家闪耀时

做出各种无私的行为，但是一般来说，大多数人在大多数时候，私心是胜过善念的。所以，现代社会在设计相关制度的时候，往往是先把每一个人假设成是自私的，先防范和利用人的私心把一件事做好之后，再去考虑和鼓励人的善念。

这就是为什么今天要保护私有财产所有权，因为只有人们把财物当成自己的，才会格外珍惜它，从而最大化地发挥它的价值，这是我们今天市场经济的理论基础。甚至可以说，我们今天之所以能够创造出古人做梦都想象不出来的财富，就是因为今天的社会制度充分利用了每个人的私心。

再来看孟子呢，他对人性的理解恰恰相反。孟子的这个漏洞，实际上古人很早就发现了。在汉代，有一位叫董仲舒的哲学家，他比孟子多吸取了一百多年的历史经验，对人性就得出了和孟子完全相反的结论。董仲舒也把人性比喻成水，但是，他认为水向下走的方向不是"善"，而是自私。①

既然孟子一开始设定的前提就错了，那么他在这个

---

① 参见：《天人三策》

前提基础之上建立的整座理论大厦,也就都错了。

可是,我们万万不能嘲笑孟子。

能够在中国思想史、哲学史上出现的人物,那都是顶尖聪明的人。我在这里之所以能举出各种证据"批评"孟子,并不是因为我比孟子更高明,仅仅是因为我多掌握了几千年来积累下的历史经验和科学知识。反过来说,就算孟子犯了错误,也并不是因为他笨,而仅仅是因为他那时掌握的信息不够多。

孟子通过自己的观察,认为尊敬长辈、同情弱小、礼貌谦让等品格是人人天生就有的,①那是因为他只看到了自己周围的世界。孟子看到他身边的家庭里,每一个人都会流露出这样的品格,就以为它们是生来就有、亘古不变的。

就比如孟子用"孩子长大了都会敬重兄长"来证明"心"是与生俱来的,是因为他以为这种现象是普遍的,在生活中没有例外。但是,如果他能看到更广阔的世界,就会发现,在世界上很多其他民族里,都没有长幼尊卑

---

① 参见:《孟子·公孙丑上》

的习俗。比如古代的一些游牧民族部落,他们认为"力量"胜于"辈分"。所以,少壮者的地位最高,他们的吃穿也是部落里最好的,甚至可以杀掉自己虚弱的父兄。[①]这种习俗从自然竞争的角度讲,其实比尊老爱幼更有优势,更有利于游牧部落在极端的环境下生存。

中国人尊老敬长,那是因为古代中国是一个农耕社会,西周又建立了一层层金字塔式的宗法制度,每一个出生的孩子都生活在尊老敬长的环境里,这才有了长辈的绝对权威。孟子没见过别的社会形态,就误以为这是社会的绝对常态。

当时也不是只有孟子一个人这么想。春秋战国时期有好多思想家、哲学家,后来的学者把其中思想相近的归成了几个学派。比如,孔子和孟子的学派,被称为"儒家";前面介绍过的墨子,属于"墨家";还有另一个学派,叫作"法家"。这些学派的主张是相互对立的,很多观点是完全相反的。但是,这些学派全都承认:做人,就应

---

① 参见:《史记·匈奴列传》《后汉书·乌桓传》《旧唐书·北狄传》《新唐书·北狄传》

诸子百家闪耀时

该孝顺父母、敬爱兄长。①也就是说,当时所有人都以为"长幼尊卑"是人间的常态,是维持稳定社会的唯一选择。

所以,孟子确实错了,但这不是他一个人的局限,而是时代的局限。

但哪怕是在时代的局限下,孟子还是干了一件很了不起的事。

怎么做才能成为"圣人"?

这件事,之前孔子和墨子都没有做到。什么事呢?

按照孟子的观点实践,可以解决人生的痛苦。

首先,我们想想我们的痛苦从哪里来?

我们的痛苦很大程度上来源于"我的想法总会变"。

比如,我们经常陷入"动力十足"和"荒废时光"的循环中:在理智状态下,我们知道自己应该努力上进、悬梁刺股,想着想着兴奋了,一激动写满了好几页的计划。然后等第二天要读书的时候,那股兴奋劲儿早就没

---

① 参见:《墨子·兼爱下》

了，反倒是因为看了一眼手机，于是不知不觉地刷了半天，等到临睡前，才因为又荒废了一天而懊恼不已。

上述痛苦，就来自于"我的想法总会变"——立志决定"好好学习"的想法，到了第二天要实践的时候，瞬间就变了。

又比如，我们有时会很迷茫，不知道自己应该做什么，不知道把时间投入到哪一件事上才不浪费自己宝贵的生命。为什么不知道该选什么呢？是因为我们怕此时的选择，会让将来的自己后悔。也就是说，我们怕的是"我此时的想法，到了未来会变"。

再比如，我们都知道，人的欲望无穷而能力有限。人们不断扩张的欲望总是容易撞到现实的墙壁，所以，要让自己永远幸福，就必须放弃那些不切实际、不好满足的欲望。但是另一方面，就算知道了这些道理，在欲望面前我们还是控制不住自己。我们明明知道自己每天都在享受着古代顶级富豪都无法企及的物质生活，有时却还是为了得不到一款最新的手机而耿耿于怀。说到底，还是因为我们的想法总会变。在理智的时候我们为自己规划的最优解，总是很快被其他想法打败。

诸子百家闪耀时

那么反过来,如果我们心灵的某个部分可以立于不败之地,永远不会因为外在的变化而改变,那不就不会懊悔、不会迷茫、不会烦恼,反而比别人拥有更强大的精神力量了吗?

咦?这段话是不是有点儿眼熟?这不就是孟子对"心"的描述吗?

孟子认为,每个人身体里的"心"凌驾于一切之上,是不会被外物摧毁的。

这种永远存在、不依外物而改变的东西,在哲学上,我们可以叫它"本有"或者"本体"。

"本体"的好处是它在面对世间所有的事物——包括烦恼、苦难在内——都拥有压倒性的优势。就像在孟子的理论里,"心"相对于人的其他想法占有绝对优势地位一样。任何事物在"本体"面前都十分渺小,如果我们能和"本体"站在一起,那就可以超越世间万物,所有的痛苦和烦恼对我们来说,就如同清风一般不值一提。

那么,我们怎么才能跟"本体"站在一起呢?

孟子的说法是,"心"这个本体就像种子一样。如果我们生活的环境不够好,如果我们学习了坏想法,那么这粒种子就不会长好,就会被外来的坏东西遮蔽。所以,我们还要自己主观努力,去培育"心",就像栽培植物一样把它养大。具体的做法,就是用我们的理性去引导心中的想法,让自己的想法和行为都努力向善。[4]简单地说,就是还需要自身的学习和努力。

那么,学成之后的结果是什么样子呢?

这里,孟子又引入了一个新概念,叫作"气"。我们可以把"气"想象成是身体里一团像空气一样的精神力量。

孟子认为,只要我们好好学习儒家的知识,努力端正自己的行为——比如做到"富贵不能淫,贫贱不能移,威武不能屈"①——那么,这个"气"最后就会被养大,养到什么程度呢?养到充盈全身,能在我们的身体里起到决定性的作用。孟子把这样的气叫作"浩然之气"。因为"心"是"本体",是高于人间万物的,所以,当我们心中充满了"浩然之气"后,就可以与宇宙同行,高于世间万物了。[5]

---

① 参见:《孟子·滕文公下》。

诸子百家闪耀时

那到了这个境界有什么好处呢?

首先,最直观的好处是,当"气"充满全身的话,就可以改变人们外在的举止行为,让我们整个人的"气质"和"精气神"都变得不一样,从而改变我们在别人眼中的印象。①

更妙的是,到了这个境界,我们就不会迷茫了。因为孟子所说的"心"这个本体是有道德属性的。说白了,"心"是个善念,它是能分辨是非的。所以,我们一旦具备了"浩然之气",自然就知道什么是高于一切的善。这样,我们就会毫不犹豫地去做这些"善"事,而且永远不会后悔。

换言之,即便在做这些事的过程中遇到了各种痛苦,对我们来说也都不重要了。因为在"本体"面前,所有的痛苦都是低一级的东西。这就像对于伟大的英雄来说,失去生命虽然可怕,但是个人的生命比他的使命要低一等,所以,和完成使命相比,牺牲个人的生命也可以坦然接受了。

其次,既然"浩然之气"超越了世间万物,人们也

---

① 参见:《孟子·尽心上》

就不会对名利心动。[1]于是，我们就不会为了名利而终日奔波，不会为了金钱而卑躬屈膝，在这个社会上，我们就自由了。

到了这个境界，我们也不会惧怕死亡，[2]不会为了身患疾病而惶惶不可终日，不会为了想要延长生命而做一些乱七八糟的蠢事。那么，对于人生，我们也就自由了。

可是，我们前面说，孟子关于"心"的理论是有问题的。那么，"浩然正气"的境界会不会就是个纯粹的幻想呢？

并不是。

在艺术体验中，有一种东西叫作"崇高美"，我们可以在好几种艺术形式里体验到它们：在音乐里，有圣咏，有气势宏大的交响乐；在绘画中，有描述恢宏的自然景观、表现大自然力量的作品，比如描绘滚滚乌云、汪洋怒涛

---

[1] 参见：《孟子·告子上》："万钟则不辨礼义而受之。万钟于我何加焉？"

[2] 参见：《孟子·告子上》："生，亦我所欲也，义，亦我所欲也；二者不可得兼，舍生而取义者也。"

或者霞光万丈；在文学中，有表现英雄主义的故事，比如神话传奇、英雄史诗；还有那些热血题材的动漫、英雄主义电影，以及商业电影中那些表现宏大历史背景下个人和历史、命运抗争的作品等等。

当我们沉浸在这类艺术作品里的时候，情绪往往会特别激动，能够体验到一种神圣感、崇高感、安全感和幸福感，觉得在某一个崇高的目标下其他事情都不重要了，甚至可以为这个崇高的目标献上宝贵的生命，有一种"灵魂被洗涤"的感觉。

这种体验，可以用今天的进化心理学来解释。

在原始部落时代，当部落遇到极其危险的情况时，有时必须牺牲少数人的生命才能让整个部落生存下去。但是，从延续基因的概率上讲，对于被牺牲的那些人来说，他们一定是吃亏的。所以人类在演化的过程中，可能演化出了一个"在极端情况下，个体愿意为集体牺牲"的基因开关。也就是说，在平时，基因会告诉人们："你的生命最重要，一定要好好活下去。"那时候，我们感受和表现出来的就是患得患失、担惊受怕，一会儿怕自己吃得少了，一会儿怕哪个部落同伴占我便宜了。因为只有这样，我们才最有可能活下去。

但是，在极端情况下，当部落受到灭顶之灾的威胁时，那个"自我牺牲"的开关就被打开了。在这个时候，我们感受到的是"为集体牺牲我自己，是一件美好、伟大的事，我个人的一切恩怨和得失乃至生命全都不重要"，这种感受就是我们之前所说的"崇高美"的体验。

当然，我们也可以不从心理学的角度解释。从本体论的角度来看，对于认同孟子学说的人而言，这种体验就是我们拥有的"浩然之气"超越了平凡人生的证明。

总之，这种崇高感是可以亲身体验到的，而且因为它是依托在"某个崇高目标"之上，所以它又是有道德意义的。因此，在现实世界里，当人们为了一件自以为正义的事情挺身而出的时候，也可以体验到这种感觉。这样一来，这个体验就正好和孟子的本体论不谋而合，印证了孟子的理论是可以实践的。

于是，读书人按照孟子的指导，不断学习儒家的那几本经典著作，按照各种道德规范要求自己，从内心深处相信自己坚持的是绝对的正义和绝对的真理。到了某一天，当他发现需要为了"正义""真理"挺身而出的时

候,他体验到了能让自己超越一切的"崇高感"。这时,他感到无比幸福,觉得自己超越了平凡的人生。这一切,不就完美地说明了孟子的理论了吗?

对于那些认同孟子学说的人而言,孟子为他们铺设了一条通往终极正义和终极真理的道路,只要沿着这条路走下去,这个人就能超凡脱俗,成为儒家心目中最高等级的完人——"圣人"。

明白了这一点,孟子所说的很多话就有了新的含义。

比如在《孟子》里,有一句很励志的话:"天将降大任于斯人也,必先苦其心志,劳其筋骨,饿其体肤,空乏其身,行拂乱其所为,所以动心忍性,曾益其所不能。"[①]如果是不了解孟子本体论的人听了,这就是一段普通的励志文字,如同心灵鸡汤,听完热血五分钟,然后也就忘了。但是,对于认同孟子学说的人而言,受苦就成了成圣之路上的必经苦难,是一个用暂时的、低等级的痛苦来换取超凡成圣的买卖。这吃苦受罪哪里是什么倒霉事,这简直是占了大便宜。于是,这句话的力量就加大了好几倍。

---

① 参见:《孟子·告子下》

孟子：用爱征服世界的"仁者"

于是，从孟子这里，开创了一个后代儒家特别喜欢的理论模式——建立一套本体论，既可以解决人生的问题，让人超凡成圣，又可以解决政治问题，有助于定国安邦。用古人的话说，叫作"内圣外王"：对内，把自己修行成一个"圣人"；对外，施行仁政，也就是"王道"。[6]

不过，在孟子的时代，还没有多少人认同他的说法，因为孟子的理论和人们的生活经验差得太远了。

诸子百家闪耀时

  孟子提倡的一采用就能天下无敌的"仁政",没有任何一个君王采用后就真的天下无敌了,反倒是那些对百姓苛刻无情、对大臣耍阴谋诡计的坏君王,他们的国力更强大。所以,不仅是汉朝的董仲舒觉得孟子的"性善论"有问题,就连和孟子同一个时代,同为儒家学者的荀子,都不同意他的观点。在很长一段时间里,孟子在中国哲学史上的地位都不是很高。

  一直到了宋代,以朱熹为首的一些儒家学者,他们想要给儒家建立新的本体论,这才把孟子想起来。中国古人喜欢崇拜权威,思想家搞革新,总要从古代拉一位权威出来为自己背书。朱熹等人发现,在过去的儒家学者里面,也就孟子的本体论和自己的思想差不多,于是,他们就把孟子从故纸堆中翻了出来,一阵打扮吹捧之后,把他说成是仅次于"圣人"孔子的"亚圣"。从此以后,孟子才成了能和孔子并肩的思想家、哲学家。

  但是,至少在战国时期,孟子的主张和学说还有很明显的漏洞。接下来,我们来看一个比孟子漏洞更少的本体论,这套理论成为了之后中国哲学的地基。

知识小结

- 孟子认为,每个人心中都存有善念,这个善念是永存的、不可摧毁的。这是孟子的"性善论"。
- 孟子通过"性善论"推论出,只要君王对百姓好,百姓就会回报君王,最终天下百姓都会投奔他,善良的君王就可以称王天下。这是孟子主张的"仁政",也叫"王道"。
- 孟子认为,一个人活着,应该培养自己心中的善念,最终让这个善念充满自己的内心,从而拥有"浩然之气",从此这个人就无所畏惧,高于宇宙万物,成为"圣人"。
- 孟子主张,一个人在自己内心中要成为"圣人",在社会里要建立"王道"。这二者合在一起,就是"内圣外王"之道。这是很多儒家学者的毕生所求,是他们的终极理想。
- 孟子的主张为儒家读书人的精神世界找到了出

口,为宋明儒学打下了理论基础。但是,孟子的"仁政"主张并不符合当时的社会规律,因此没有被当时的君王们采用。

经典原文:

- 《孟子·告子上》:"仁义礼智,非由外铄我也,我固有之也,弗思耳矣。"
这是孟子理论的核心。

- 《孟子·尽心下》:"民为贵,社稷次之,君为轻。"
这句话概括了孟子的"仁政"思想。孟子关于"仁政"的主张对后世的君王多少起到了一点儿限制作用。

- 《孟子·告子下》:"天将降大任于斯人也,必先苦其心志,劳其筋骨,饿其体肤,空乏其身,行拂乱其所为,所以动心忍性,曾益其所不能。"
这是《孟子》里最励志的一段名言。

第五章 老子:『佛系』拯救者

在《老子》看来，什么东西能掌管一切？

这套更强的理论，写在了一本叫作《老子》的书里。《老子》又叫《道德经》。我们讲到《老子》这本书的时候，有一个小小的麻烦。古代的中国人认为，《老子》的作者是一个叫作"老子"的人。但是，今天的学者们认为，《老子》的作者到底是谁，古人所说的"老子"这个人到底生活在什么时代，他做过什么事，这些都是存疑的。所以，在我们这本书里，只提《老子》这本书，不提"老子"这个人。如果为了行文方便，偶尔提到"老子"，指的也是《老子》这本书的作者，而不是历史中的那个"老子"。

接下来，我们就看看《老子》这本书里所说的到底哪里比孟子更厉害。

孟子认为，一切的根本是"心"，各种思想、外物都

无法改变这个"心"。在这里,孟子主要讨论的是跟人有关的问题:个人的思想和行为,国家的制度和发展,而对于人之外的东西,比如自然万物怎样运转,孟子不是很关心。

在《老子》的作者看来,这样的理论就不够给力。光谈论人,不谈论别的,这有局限啊!要研究,就得研究一切事物的根本是什么。

于是,《老子》给这个能统领世间一切事物的最根本的东西,起了一个名字,叫作"道"。

注意啊,我们这里又说到了一个在哲学上很可怕的词:一切。"一切"就是把所有的东西全包括了,也就是你能想到的、见到的、说出的东西,都比这个"道"低一个等级。

这就很厉害了,"道"和"一切"的关系是什么呢?

我们描述事物的时候,需要使用各种概念,比如"大小""长短""多少",这些概念是人们出生以后,通过后天的学习才能掌握的。这些概念都属于"一切",但"道"是超越"一切"的。

所以,"道"这个东西,就不能用"大小""长短""多

老子:"佛系"拯救者

少"之类的概念去描述。就是说,我们没有办法用语言去描述"道","道"也没法呈现出人类所能理解的图像。所以,我们压根儿看不到它;同理,"道"又是听不见、摸不着的。

总之,"道"是一个看不到、听不见、摸不着,用人类的思维根本无法理解,也没法用语言去描述的东西。① 所以,理论上,面对这个至高无上的东西,我们甚至就不应该开口说话。② 可尴尬的是,《老子》不就是一本用

① 参见:《老子》通行本第一章
② 参见:《老子》通行本第五十六章

文字写成的书吗?它的目的不就是要用文字去谈论这个东西吗?所以,《老子》不得不勉强说一说这个东西。按理说,这个"超越一切的东西"是没有名字的①,但是《老子》为了谈论它,强行给它起了一个名字,就叫作"道"。②

我们为什么非要谈论这个"道"呢?因为它厉害呀!

在《老子》看来,"道"是万物的根基,我们今天见到的一切:动物、植物、世上的所有人,包括我们此时此刻的所思所想……万事万物都是由"道"衍生出来的。[1]

因为"道"超越了万事万物,所以不会被任何事物改变,是不可摧毁的。③也就是说,任何事物都无法影响"道",因此"道"是绝对自由的。

为了形容"道"的自由状态,《老子》用了一个我们今天特别熟悉的词,叫作"自然"。"自然"这个词,在

---

① 参见:《老子》通行本第三十二章
② 参见:《老子》通行本第二十五章
③ 参见:《老子》通行本第二十五章

今天指的是花啊,鸟啊,这些非人工的东西。而"自然"的本意,其实指的是"没有外物的约束,自由自在的状态"。[2] 所以,我们今天还有个词,叫作"自然而然",意思就是一件事物不受任何来自外界的干涉,自己就成那样了。

《老子》认为,"道"就是"自然"的状态。

那么,既然有了"自然",就有"不自然"。

什么是"不自然"呢?跟"道"不一致的,就是不自然。具体来说,比如人类的理性思维就是"不自然"。

那理性思维又是什么呢?简单地说,当我们认认真真地想说明一个问题,想要清楚地表达一个观点的时候,说出的那些话、写下的那些字,都属于"理性思维"。

人们平时主要是靠理性思维来理解世界的。比如我们都学过这样一个知识:"苹果是红色的。"这就是一个理性的判断。这样的知识越来越多,我们对这个世界的认识也就越来越丰富。

人们平时还要靠理性思维来告诉自己该做什么。比如放学回到家,我们决定先写完作业,然后再玩。这是因为我们知道,不写完作业可能会受到惩罚,这也是一

个理性的判断。依靠一个个理性的判断,我们才能控制和规范自己的一举一动。否则,在外人看来,我们就是说话做事都不可理喻的疯子。

尽管在今天理性思维这么有用,可是在《老子》看来,坚持"理性思维"是违反"道"的。

为什么呢?

最简单的证明方法是:"道"是超越一切事物的,其中也包括理性思维,所以理性思维比"道"低一个等级。而且"道"不仅产生了万物,它还蕴藏在万物之中。[3]所以,当我们用比"道"低一等的理性思维去理解万物、去指导人们改造万物的时候,就相当于是用一个低等级的规则去处理一个高等级的事物,这就好比用小学生的数学知识去修改大学的数学教材。这么做,当然是对高等级的事物,也就是"道"的偏离和歪曲。

还可以更详细地证明《老子》的观点:当我们用理性思维去描述世界的时候,需要使用概念。概念是什么呢?概念就好像是一个圆圈,规定了这个圈内的东西是什么,圈外的东西是什么。比如"苹果"这个概念,就是在所有事物中画了一个圆圈,规定在这个圈内的东西都叫"苹果"，圈外的都不叫。

注意，这个过程里有"圈里"和"圈外"的概念。换句话说，我们要使用一个概念，首先就要有"里外"的概念。但是前面说了，"道"无所谓大小、长短、多少，也就同样无所谓"里外"，所以我们用一个人为的圆圈去划分"道"，就等于是在偏离和歪曲它了。

还有一个更简单的理解方法：我们可以把"道"想象成是一片混沌的大地，这里是没有人为痕迹的。我们在用理性理解"道"的时候，就需要在"道"这片大地上画上一个个圆圈。这种画圈的行为，就相当于在"道"上乱写乱画，每画一个圈都是对"道"的歪曲和破坏。

总之，上面这三种分析说的是：当我们用理性思维描述"道"的时候，其实是在偏离、破坏和歪曲"道"。

接下来，我们来说明，当人们用理性思维指导自己行为的时候，也是在背离"道"。

证明过程和前面是一模一样的。

当我们用理性去指导自己行为的时候，需要制订一个个目标。比如"写作业"的目标就是"完成作业"。当我们有了一个目标后，就等于设定好了方向。这就好比

在"道"的上面画了一条线,还画上了一个箭头。刚才说了,"道"其实没有方向,所以设定和追求目标也是对"道"的歪曲,也就是"不自然"了。

我们今天还有类似的说法。当评价一个人的举止或者一件艺术品不够"自然"的时候,我们会用"刻意"来形容。什么叫"刻意"呢?可以理解成,这个人做事的意图让人看出来了。我们一眼就看出来一个人做的某件事或者一幅画的某一笔目的性太明显了,就会说它太"刻意"了。

总而言之,当我们在生活中运用理性思维、做事情有目的性的时候,就属于"不自然"了。

那"不自然"、坚持理性又有什么不好呢?

科学就是建立在理性的基础上的啊。我们凭借理性、依靠科学创造了丰富多彩的世界,让我们能吃到美味的奶油蛋糕,看到精彩有趣的动画片……这不是很美好吗?如此说来,"不自然"不是一件大好事吗?

《老子》说,不,这一切都是徒劳。

《老子》认为,万物中都蕴含着"道","道"又是人类不可捉摸的,所以万物运行的真正规律是人无法知道的。那么,当我们朝着一个目标前进的时候,不一定就真的是在接近那个目标,也很有可能走向它的反面。

这就是《老子》的一个核心观点:万物的状态都是在不断、反复变化的。[4]

如果人们非要在这个世界里运用理性思维,非要用固定的概念去完成某个目标,那么结果就是弄巧成拙,很可能越努力,距离自己的目标越远。①这就是"物极必反"。②

那应该怎么做事呢?《老子》认为,最好做什么事情都不要刻意,尽量不要有想法、有欲求、有目标。[5]这就是《老子》主张的"无为"。

这个主张和我们今天的生活经验很不一样。在我们平时的生活里,总是要设定目标,而且目标往往就是生活的中心:上学的目标是取得好成绩;奋斗的目标是获得成功;生活的目标是收获幸福;甚至有时我们拒绝奋

---

① 参见:《老子》通行本第三十八章
② 参见:《老子》通行本第十六章、第四十二章、第五十八章、第七十九章

斗,躲在屋里刷手机、玩游戏同样是有目标的——追求此时的快乐。

假如没有了目标,我们就没有办法正常有序地生活。但是,《老子》认为,追求目标是没有意义的。因为生活里所有的目标都不属于"道",它们是变来变去、无法控制的,所以都不能长久。即便我们能实现目标,得到的东西也是转瞬即逝的。就好比说,我们认为努力学习和工作可以获得知识、升职加薪,从而收获幸福,但《老子》会反驳说,知识和财富很有可能带来痛苦和灾难,就算此时争取到了幸福,这个幸福也是短暂的。

那什么是不短暂的呢?

在《老子》看来,这个世界上只有"道"是永存的。所以,我们只有"无为",只有抛弃所有不符合"道"的东西,才能长久。①

听完这套理论,你是什么感觉呢?

好像有那么一点儿意思,但是真要按照这样的原则生活呢,似乎难度很大。不过,我们先不着急讨论怎么生活的问题,因为《老子》这本书的重点不是指导人们

---

① 参见:《老子》通行本第七章

怎么生活。这本书最想讲的,其实是政治学。前面讲的"道"啊什么的,是为了它的政治观点做铺垫。因为当年《老子》的作者和先秦的其他思想家一样,最关心的是怎么拯救眼前的这个乱世,最关注的是怎么能恢复当时世界的秩序。

所以,我们先来看看,《老子》拯救世界的方案是什么,最后再回过头看能不能按照《老子》的主张过好自己的生活。

什么都不干就能拯救世界吗?

《老子》拯救世界的方案和前面那套关于"道"的理论是一致的。

在《老子》看来,为什么当时的世界变混乱了呢?是因为君王们做的事情太多了,追求的东西也太多了。这些君王又是组织百姓搞生产,又是制造兵器忙着打仗,又是和大臣们钩心斗角……这些全是有欲求、有目的的事情。而这些事情做得越多,国家就越背离"道";越背

离"道",社会就越不稳定,变得越来越乱。①

那怎么办呢?

《老子》的解决方案就是在政治上施行"无为"。当时君王们热衷于干的各种事务,一律能不干就不干。

比如,孔子主张的"礼",在《老子》看来,那就不能用。因为"礼"是人为的规范,那是违反"道"的,越搞社会越乱。②

再比如,当时有很多思想家主张要发展新技术、提高生产力、增加国家的收入。《老子》认为这也不行,因为这也是违反"道"的,财富和技术会让人的心眼儿变坏,所以不能发展技术和生产力。③

《老子》还认为,学习知识会让人远离"道",人越不学习越好。④所以《老子》主张,君王不能让百姓学习知识,不能让他们变得太聪明了。如果百姓懂得的知识太多,这不仅背离了"道",还会让他们变得越来越不

---

① 参见:《老子》通行本第五十七章、第七十五章、第七十七章
② 参见:《老子》通行本第三十八章
③ 参见:《老子》通行本第三章
④ 参见:《老子》通行本第四十八章

老子："佛系"拯救者

好管理。①

总而言之，《老子》希望天下所有国家都能降低生产力——国家小，人口少，百姓笨。最好每个国家的人口少到邻村的人之间都不互相接触，这样人们才不会为了争夺土地和财富而打来打去。这就是《老子》理想中的世界，叫作"小国寡民"。

那这里就有一个问题了。春秋战国时期，诸侯国之间本来就在不停地打来打去，如果某个诸侯国的国君听了《老子》的话，自己搞小国寡民了，而其他国家不搞，那要是其他国家的军队打过来，把这个"小国"给灭了怎么办？

《老子》说了，不用怕啊！"无为"是最接近"道"的办法，"道"是长久的，所以"小国寡民"也是长久的。这么做，这个"小国"应该比那些穷兵黩武的国家更厉害才对呀！[6]

也就是说，人们普遍理解的弱小，在《老子》看来，才是真正的强大。用《老子》的话说，叫作"柔弱胜刚强"，

---

① 参见：《老子》通行本第三章

诸子百家闪耀时

也就是我们今天习惯说的"以柔克刚"。①

按照《老子》的想法,假如现在有一个君王,他不积极治理国家,也不努力建设军队,什么都不主动干,随遇而安,那么,这个国家内部就没有纷争,天下太平,生活美好。等到其他好胜、爱打仗的强国"物极必反",都自取灭亡后,世界就只剩下众多由"无为"的君王统治的小国了,这个世界从此就能没有战争,重新恢复秩序了。

显然,《老子》的预言没有实现,因为历史并不是这么发展的。战国时期的结局,是强国吞并了弱国。在后来的历史里,也没有出现过"小国寡民"全面战胜强国的例子。《老子》"不应该发展生产力"的想法,更是和咱们今天熟悉的历史规律完全相悖。

但是,放在《老子》写作的那个年代,它的政治主张是可以被理解的。因为在春秋战国那时的人看来,历史的趋势只有一个:越来越乱。

在整个春秋战国时期,统治者和思想家、哲学家

① 参见:《老子》通行本第三十六章

老子:"佛系"拯救者

们想了各种各样的方式来恢复社会秩序:有想恢复周礼的,有想发展教育的,有想提高军事技能打仗的……结果如何呢?这个世界反倒是越来越乱。生产力是发展了,可是百姓生产出的粮食和武器都交给了军队,导致战争的规模越来越大,那么,照这个趋势发展下去,最后的结局不就应该是打超级世界大战,然后全世界

这治国呀,就跟做菜一样,有讲究的。什么季节吃什么菜,什么火候做什么东西,什么时候放什么料,都有它自己的时间,急不得!

一起毁灭了吗?

所以,《老子》的作者就总结出一个规律:生产力越发展,这世界的战乱就越多,给百姓带来的伤害就越大;君王们越强国,最后就越容易走向灭亡。那么,拯救世界的唯一办法就是停止发展生产,让大家倒退回低生产力的和平年代,并且永远保持这个状态。

以《老子》那个年代的历史经验来看,这么想有它的道理。但是,按照后来的历史经验,这些主张就大有问题了。

因为我们知道,在《老子》之后,古代中国找到了建立稳定大帝国的方式,陆续出现了汉唐等强大的统一王朝。在这些王朝里,发展生产力非但不会带来混乱和灾难,反而会带来更稳定的社会、更幸福的生活和更强大的政权。如果君王们真的按照《老子》的指导去治理国家,那么,古代中国最迟到了汉代的时候,就会被来自北方的游牧民族给踏平了。

因此,到了战国后期,《老子》的政治理论要么是被彻底抛弃,要么是被改造成别的样子,比如后面将会提到的"黄老道家"。最后,进入中国哲学史的只剩下了《老子》的本体论，也就是《老子》关于"道"的种种理论，这些理论被后来的中国哲学家们广为借鉴。

当然，这些都是后话了。我们先不着急说这些后话，现在来看一看《老子》和我们的生活有什么关系。

我们可以达到"道"的境界吗？

前面说过，《老子》认为，人只要能进入"道"的状态就可以超越痛苦、洞晓真理，还能长存不朽，简直就和神仙一样。

这描述太诱人了，可是，这些说法到底是不是真的呢？如果我们没有亲身体验，就永远无法知道。

道理很简单。因为"'道'是不是真的"这句话，它是一个理性的判断。而"道"是超越了理性的，所以，我们就不可能用语言去讨论"道"是不是真的。这就好比我们前面提到的，不能用小学的数学知识去验证高等数学的真假一样。

要想验证"道"，唯一的办法是切身感受，自己去体验进入"道"是一种什么感觉。比如我们亲自去按照《老

子》的指导生活,然后看看到底有没有超越时间和空间,有没有找到万物与我合一的感觉。

但是,这里又有问题了。

第一个问题是,《老子》的主张,我们根本没法实现。

《老子》里说,要接近"道"就必须抛弃理性思维。那么,严格地说,人类只有在还是猿猴的时候,才能真正实现这个状态,因为在那个时候,人类才不具备理性思维。等到人类产生了语言,有了名词、动词等一堆词汇,就已经开始用概念和理性去理解世界,就是"不自然"了。

再等到人类学会农耕后,就更"不自然"了。因为农耕需要长达几个月的劳动,人类要在这几个月里不断地说服自己,此时的辛苦为的是几个月后的回报。这是一个有明确目标和理性活动的过程,也就是说,如果没有理性,人类根本没法种地。

到了今天,情况就更复杂了。我们每天的学习、工作、交流,每时每刻几乎都在运用理性。比如今天看来很简单的一件事——买吃的,实际上就是一个复杂的理性活动。我们只有靠理性思维学习了"交易""商品""金钱"

老子："佛系"拯救者

这些复杂的概念之后，才知道"我去商店付钱"这个和吃东西八竿子打不着的行为，竟然和"满足食欲"之间存在着因果关系。

如果严格按照《老子》的要求，我们在现代社会里什么事都做不了。我们只能衣来伸手、饭来张口，每天浑浑噩噩，在外人看来近似于"痴呆"。这种状态，显然是绝大多数人都不愿意体验的。

当然，有很多人对《老子》的主张有所折中。他们会说，"自然"不是什么都不做，是做事的时候不刻意，脑子里没有杂念。比如吃饭的时候就认认真真地吃饭，别老想着"这饭好吃不好吃"啊、"吃完饭干点儿什么"啊这些和吃饭本身无关的事情，那就叫"自然"了。用中国古代哲学家的话说，就是吃饭的时候心里不能有"百种须索""千般计较"。①

这个主张我们姑且认为它成立，但是接下来的问题是：我们怎么能用"自然"的方式使用电脑和手机呢？

今天，电脑和手机的程序大都有十分复杂的操作路径。我们必须记住"我要点开菜单—进入子菜单—选择

① 参见：《景德传灯录》卷六

这个—选择那个—啊不对重来"等等复杂的操作,而这一通操作,全都有着明显的目的,并且不停地在运用人们的理性思维。那这里面就包含了无数的"百种须索""千般计较",可怎么办呢?

当然,我们可以说,这跟吃饭是一个道理嘛!吃饭时候的各种动作,比如夹菜、咀嚼之类,经过我们常年的生活,已经变成肌肉记忆了;所以我们可以做到吃饭的时候没有"百种须索",不用思考筷子的使用技巧,不用想怎么咀嚼,只要专注地"吃"就可以了。那使用电脑和手机的时候,只要我们熟悉了所有的操作,也可以达到"没有须索"的状态。

这没问题。可是软件增加了新功能怎么办?又需要下载一个新软件怎么办?

当我们接触到新功能、新软件的时候,必须要学习、熟悉新的操作方式,这个过程不就又要"百种须索"了吗?而且我们说过,《老子》反对学习新知识。现在我们换个软件就得重新学习一次,更新之后又得学习一次,单单这学习本身,就违反了《老子》的主张。

所以,在今天要想实践《老子》的教导,至少不能

老子："佛系"拯救者

使用手机里的大部分功能，不能使用各种新型的电子产品，甚至不能学习学校里的知识，不能在现代公司里工作。

这样的生活，有谁做得到呢？

再退一步说，就算《老子》的指导可以实践，我们可以自己去体验"道"了，但是接下来，又会出现一个

诡异的问题。

即便我体验到了"道"的感觉,并且这感觉让我很满意,我仍然无法确定"道"是不是真的。因为还是那句话,"确定'道'是不是真的"这件事,它本身就是一个理性的判断。别忘了,《老子》一再强调,我们是没有资格给"道"下任何判断的。

举个例子。按照《老子》的指导,我们有一天体验到了一种"恍兮惚兮"的感觉,觉得自己好像和万物融合在一起,这感觉很美妙。但问题是,我们怎么确定这的确是永存不朽的"道",而不是我们大脑里的神经出错了呢?在现代医学里,医生已经发现,当人类服用某些有害的药物、进入催眠状态或者得了脑部疾病后,也会出现"失去了时间和空间""觉得自己跑到了身体之外""觉得自己和万物合一"之类的感觉。

这看上去并不是《老子》描述的"道"。因为按照《老子》的说法,接近"道"的状态可以长存。但是服用有害的药物和得病,都会减损人的寿命,这和《老子》主张"人应该保全自己"的观点是矛盾的。[1]

[1] 参见:《老子》通行本第十三章、第五十章

老子:"佛系"拯救者

所以,我们只能辩解说,服用药物什么的,那都不是真正的"道",真正的"道"是另一种东西。可问题是,当我们自己体验到"道"时,怎么分辨那是不是真正的"道"呢?因为"道"是看不到、听不见、摸不着,不能用语言描述的啊!

最后,我们就陷入了一个怪圈。从逻辑上说,《老子》所说的"道"可以存在,但在这个世界上,又没有任何方法可以证明它真的存在。换句话说,这是一个"不可知"的问题。

对于不可知的问题,我们一般的做法是不相信它,否则就会陷入到另一个怪圈:如果我们相信不可知的观点,那么,要不要相信《老子》对'道'的描述是个脑神经疾病患者在写他自己的幻觉"呢?或者相信"《老子》是高科技外星人创造出来,目的是耍地球人玩的"呢?这些猜测也是不可知的。如果我们可以相信不可知的"道",那为什么不可以相信这些猜测呢?

总之,有没有"道"这件事是我们无法讨论的。

不过,我们还可以再后退一步。假设《老子》中确实存在大智慧,那我们能不能运用其中的智慧去做一些

可以实践的事呢?换句话说,能不能用《老子》指导我们解决一些具体的人生问题呢?

《老子》指导了我们什么?

的确有很多人都是这么想的。不少人把《老子》当成了成功学,觉得学习之后可以领悟大智慧,以后办事就能无往不利。

可是,这种想法也有个逻辑上的问题:《老子》的主张是做事没有目的性,不设定目标,而认为《老子》的观点可以用来实现某个目标的这些人,他们的出发点本身就和《老子》背道而驰。

有些人觉得,《老子》里记载的一些方法能让自己成功、发财、学业有成。可是,《老子》认为人压根儿就不应该成功、发财、学业有成,相反,这些东西还很可能会给人带来麻烦和灾祸。跟《老子》学习成功学,这完全是学反了。

《老子》压根儿就不打算指导人们干具体的事,所以,如果我们硬要把《老子》中的观点拿出来指导生活,就会发现《老子》的主张根本没法用。

为什么呢？因为《老子》只讲原则，不讲具体的方法。

什么叫"只讲原则"呢？比如有一天，来了一位老师给你讲学习方法。老师说："学习啊，一定要认真，要勤奋，要多花时间在学习上。但是呢，也要注意休息，不能太累。因为老话说得好，'欲速则不达'，所以我们还要注意劳逸结合。我们要在学习和休息之间找到一个平衡点，两者相辅相成，这样事情才能做好，学习才能学好。"

听完这番话后，你有什么感觉呢？首先，这位老师说的一点儿毛病都没有，我们挑不出一句错话，但是，他的指导也没法拿来用啊。"要注意休息"——到底应该怎么休息呢？"要注意劳逸结合"——到底什么算劳逸结合呢？这些具体实践的方法都没有，所以这老师的话，我们觉得很"空"，没有实际的指导意义。这种话就是只讲原则，不讲方法，就是"正确的废话"。

相反，真正能帮助我们的是什么呢？是非常细致的实际操作指导。比如老师告诉你："我建议你每天连续学习 40—60 分钟后，放松 10 分钟。这 10 分钟不要看书、

不要玩手机，最好能闭目养神或者做些不剧烈的体育运动。"我们且不管这个方法是不是正确的，最起码它是可以被执行的，是可以被检验的。我们可以亲自实践一遍，如果这个方法不好用，就可以确信它不适合我，而不用再纠结这句话里有什么"微言大义"了。这种具体的指导，就是"有用的方法"。

那么，"有用的方法"和"正确的废话"差别到底在哪儿呢？

差别就在于，在"有用的方法"里，概念的边界要更清楚。

还是老师指导你学习那个例子，在"正确的废话"里，老师说"学习要勤奋"，这里就没有定义什么叫"勤奋"。每天学习几个小时，才能算"勤奋"？在没有定义"勤奋"的情况下，任何一个孩子学习成绩不好，其实都可以归咎于"不够勤奋"。如果这孩子每天学一个小时，就说他："你应该每天学两个小时！你不够勤奋！"如果他每天学两个小时，就说他："你怎么不学两个半小时？你不够勤奋！"如果这个孩子每天一睁眼就开始学习，饭也不吃，觉也不睡，学得都快吐血了，实在不能再延长学习时间

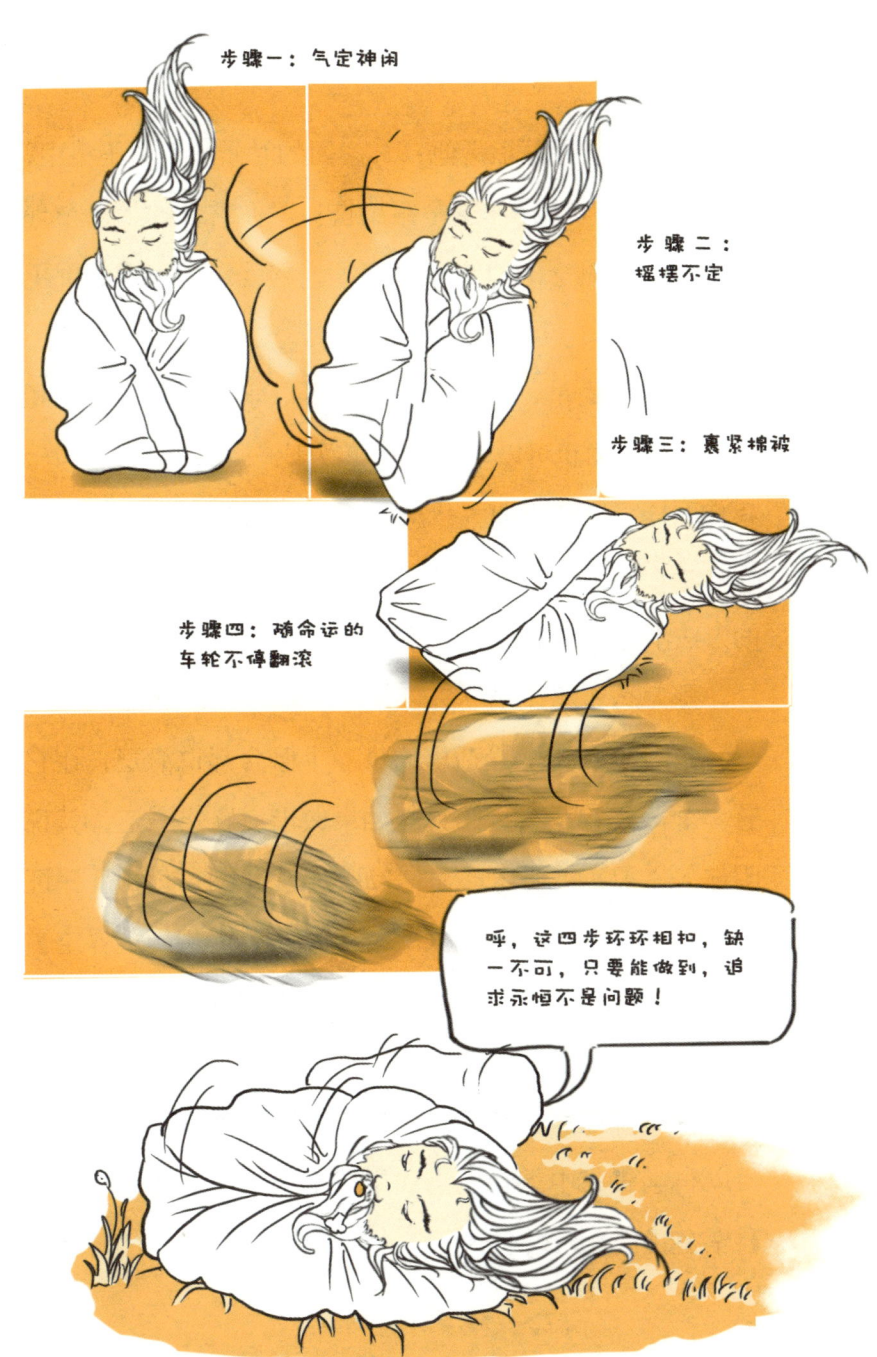

了呢,我们还可以指责他:"你学习的时候注意力不集中,你这不叫真勤奋,你这是假勤奋!"你看,如果一个理论不把关键概念的边界说清楚了,它就可以永远立于不败之地。

更要命的是,既然这个理由可以永远成立,那么和它相反的理由也可以永远成立。就好比一个孩子成绩不好,我们同样可以指责他"休息得不够"。哪怕这孩子已经成天啥也不学了,天天休息了,我们还可以说他:"你休息的方法不对,你那不叫真正的休息!"怎么说怎么有理。

那怎么才能让"方法"变得"真正有用"呢?

那就需要把这段话里的每一个概念都说清楚,让它有一个清楚的定义。比如"如果做十道题错三道,就说明你太累了,需要休息了""无论怎么学习,你都要保证每天至少八小时的睡眠时间",这些具体的规则就界定了"勤奋"和"休息"这两个概念之间的边界,这样才能把具体的操作方法说清楚。

相对而言,能够把概念界定得更精确的工具是数字,所以科学研究中就特别喜欢用数字说话,这就是为什么科学在我们今天最"有用"。

而《老子》呢?最反对的恰恰就是精确地描述概念。因为"精确描述"就是在"道"上画圆圈、画线条,描述得越精确,对"道"的破坏就越严重。所以,在《老子》中寻找"有用"的方法,相当于向不识数的人求教数学题,是完全问反了。

总而言之,从《老子》里学不到成功学。

但是,这并不是说《老子》没有用。

《老子》对"道"的描述在逻辑上非常完美,因此被后来的哲学家们继承下来,他们在《老子》的基础上修修补补,构成了各自的本体论。可以说,《老子》是中国哲学中的一块基石。[7]

《老子》的观点对于今天也仍然有用。《老子》的作者凭借着天才般的悟性,发现了人类文明中一个致命的问题:理性思维是对世间万物的歪曲。

举个例子。

想一想,我们是怎么用理性的语言来形容自己的感受的呢?我们可以用一大堆词汇来描述,但是说出口的,终究也只是一堆词汇,并不是自己真正的感觉。所以,

人生中有很多感受是"只可意会,不可言传"的,因为用"言"根本传不出来。

甚至,理性也没法准确地描述客观事物。比如怎么能准确地描述一块石头呢?我们可以把石头所有的物理属性都用数字表示出来,但是,人类的技术有极限(最小到量子状态就测不准了),检测物体有成本(列出一块石头的每一个粒子状态的成本极高),而且就算把这些数据都列出来了,我们的大脑也无法理解。

所以,当我们用理性的语言去描述这块石头时,不得不用很多概念去粗暴地概括它。我们会说这是一块"小"石头,它是"灰色"的。在这个描述里,无数大小不一的石头,都会被概括在"小"这个概念里;无数种颜色,也会被概括在"灰色"这个概念里。这些描述都是不准确的,但是我们没有办法,因为理性语言的能力就到这里了。

因此,我们不能说用理性语言描述的就是真实的世界,只能说,理性描述出来的只是这个世界的一个侧面、一个局部或一个轮廓。而现代科学就是建立在概念和定义这些理性语言的基础上,所以科学反映出来的,也并不是完全真实的世界。

《老子》主张的，就是这样的观点。

所以，我们今天的文明除了有讲逻辑、讲概念、讲定义的理性世界，还有一个讲感受、讲状态、讲体验的感性世界。一个是属于科学的，一个是属于艺术的，这两个世界同样重要。诗歌、音乐、绘画、雕塑等艺术形式和科学一样，也在试图描绘世界的真相。

古代的中国和欧洲，就是从这里走上了两条不同的道路。欧洲人继承了古希腊追求理性、讲求逻辑的道路，最终发展出了科学；中国人则走上了审美、内省的道路，最后诞生了禅宗、理学、心学以及中国人独有的审美趣味。在接下来的几本书里，我们还将一起体验它们的美妙。

接下来，我们还是回到春秋战国时期。《老子》的作者虽然绝顶聪明，但还是没能恢复天下的秩序，这个越来越混乱的世界，总得有人出来拯救啊！

知识小结

- 《老子》认为,高于宇宙万物的存在叫作"道"。
- 在《老子》看来,"道"超越了人们的认知能力,所以,我们对"道"的任何描述都是片面的。并且,我们在现实世界里一切理性的思考、有目的的行为,都违反了"道"。
- "道"是永存的,"道"之外的东西是暂存的。因此,《老子》认为,我们日常理解的一切事物都是暂存的。
- 《老子》认为,人们如果想追求长久,就应该抛弃理性思考,抛弃生活中一切刻意的行为。用《老子》的话说,叫作"无为"。
- 《老子》认为,国家如果想长久,就应该降低生产力,不发展技术,不让百姓接受教育,用《老子》的话说,叫作"小国寡民"。这种"小国寡民"

才是永存的，而那些发展生产、穷兵黩武的强国，注定会毁灭。

- 《老子》的政治学主张不符合后来的历史经验，并没有被君王采纳，也没有改变当时混乱的世界。
- 《老子》的哲学主张很有启发性，引领我们从另一个角度观察世界。《老子》对人生的建议虽然没有办法真正执行，但是被后来的中国古代思想家、哲学家们改造，成为中国古人超脱世俗生活、寻求内心超越的指导手册。

经典原文：

- 《老子》第一章："道可道，非常道。"

  这是通行本《老子》的第一句话中的第一个分句，表明了"道"的超越性。《老子》中的大多数观点，都是从这句话引申出来的。

- 《老子》第五十八章："祸兮，福之所倚；福兮，祸之所伏。孰知其极？其无正也。"

这是《老子》里很有哲理的一句话。《老子》认为，因为人把握不了"道"，所以所有的努力都是白费。你以为自己追求的是好的东西，说不定追求到的是坏的东西。特别是当人做错了事后悔的时候，会觉得这句话格外有道理。但这句话绝对否定了人的主观努力，在今天看来是有漏洞的。

- 《老子》第五十二章："守柔曰'强'。"

"守柔"，是《老子》主张的行事原则。《老子》认为，既然努力可能也是白费，那么不如守住初生、柔弱的状态。

- 《老子》第六十章："治大国，若烹小鲜。"

这是《老子》核心的政治主张。治理国家这么一件大事，在《老子》看来，应该像做小菜一样轻巧。这句话把《老子》政治上的"无为"主张，化成了一个形象的比喻。

第六章
法家：拯救世界的新办法

拯救世界还能有什么办法？

春秋战国时期的思想家们共同焦虑的是怎么拯救眼前这个越来越乱的世界。

按照时间顺序，他们大致经历了三个阶段——

第一个阶段的口号是："稳住，咱们能赢！"这一阶段的思想家、哲学家们认为只要努力，还是能恢复社会秩序的。比如孔子、墨子、孟子，他们讲的都是"咱们这么着，这世界就能恢复秩序了"。

但是，第一个阶段的努力全都失败了，而且是各个角度的失败：孔子从贵族的角度，墨子从平民的角度，孟子从本体论的角度，全都试了一遍，然而一点儿眉目都没有。

于是，就有了第二个阶段，很多人对拯救当前世界和未来失去了信心。比如前面说到的《老子》的主张就是"越干越乱！要我看啊，得赶紧停手，啥也别干，世

界才有得救！"

在《老子》之后，还有一位名叫庄子的哲学家，他的主张更极端。庄子的意思是人就不应该把希望放在自己身外的世界上。人不要去关心世界，只需要关心自己，让自己超脱就行了。因为庄子的主张到了魏晋时代才大放光彩，所以我们把他放到下一本书里和魏晋玄学一起谈。这里，我们只要知道庄子放弃得更彻底就行了。

总之，在第二个阶段，思想家、哲学家们对拯救世界产生了逆反心理，给人一种"我太难了，太累了，地球赶紧毁灭吧"的感觉。

但是呢，这个世界上总有一些人不服输。世道再糟糕，也总得想个办法啊！

于是，就出现了第三个阶段。处在这个阶段的哲学家，他们的想法是：我们先别想这世界"应该"是什么样了，还是先想点儿实际的。

什么是"实际的"呢？你看之前的那些哲学家，张口就是人类应该怎么怎么去生活，闭口又是这国家应该怎么怎么去治理。大话一套一套的，可问题是，有君王愿意听你们的吗？你的主张没人执行，那就都是没有用的空话！①

那怎么才能让自己的主张被执行下去呢？

在现实世界里，一个人能推行政策的前提是你得有能力让文武百官、天下百姓听你的，你的主意才有用。②简言之，你得有"权力"。

那权力从哪里来呢？我们先稍微讨论一下，什么是"权力"。

首先，要区分汉语里两个容易搞混的词："权利"和"权力"。

这两个词发音完全一致，只有一字之差，在语意上差别却很大。在现代汉语里，"权利"指的是法律赋予某人的、他应该得到的东西。比如我们每个人都有接受教育的权利，这是我们的"利益"，所以写成权"利"。

"权力"不一样，指的是掌控别人的一种能力。比如古代的地主可以指使他的奴隶干这干那，这就是一种"权力"。咱们谈论中国古代史，谈论古代帝王能干什么、不能干什么，谈论古代的政治制度，这些都是权"力"。

---

① 参见：《韩非子·五蠹》
② 参见：《韩非子·功名》

"权力"从哪里来呢?这个"力"字用得特别好,它就来自于力量。就像"权力"对应的英文单词是power,这个词就有"力量"的意思。

举个例子。猩猩群里的首领,为什么有指挥其他猩猩的权力,并且可以吃到最好的食物?那是因为它打得过其他猩猩,"力气"比较大。权力,就是来自于最简单的、物理学上的"力"。

再比如,古代两国打仗,为什么大国能打赢,让小国臣服于它呢?那是因为大国的士兵更多,他们能产生的"力"更大。士兵身上穿的盔甲、用的武器,需要本国的工匠花力气打造,凝聚的也是本国人的"力"。

当然,中国古代统治者在计算自己拥有的"力"时,用的单位不是物理学上的"牛顿",而是更容易计算的"人口数"。因为在农业时代,生产力的主要来源就是人的体力。所以,我们可以简单地说,在古代,谁可以调动的人口数量越多,谁的权力就越大。

就好比在春秋战国时期,为什么有一些贵族,虽然他们的身份比君王低,却可以杀了君王取而代之呢?就是因为这些贵族拥有自己的土地、自己的人口,可以组

织起一支属于自己的军队。当他们拥有的人口数量大于君王的时候，就很容易夺得权力了。

在这套逻辑下，当时那个世界的"游戏规则"就很清楚了：要想拥有权力，就要控制尽可能多的人口，占领尽可能多的养育人口的土地和粮食。

于是，到了战国中后期，在很多诸侯国里都出现了研究怎么能让君王拥有更大的权力、占有更多的财富的哲学家，后世的学者把他们称为"法家"。

用"规矩"能改变世界吗？

在战国时期，君王要霸占人口和财富，最大的阻力是他们国内的贵族。所以，早期法家的哲学家们主要干的一件事就是想办法让贵族交出自己手里的土地和人口，让君王直接统治。你可能在历史课本里看到过"改分封制为郡县制"的内容，其实指的就是这个过程。

当年孔子、孟子那些人，在君王面前遇到的冷屁股总是比热脸多。我们想啊，有几个君王愿意花钱请人天天指着鼻子对自己说："你得善良！"

法家：拯救世界的新办法

但是，君王对待法家哲学家们的态度就不一样了。遇见他们，君王们都特别热情——法家这群人可是实实在在给自己谋利啊！

所以，到了战国的时候，不少诸侯国的君王都在法家的思想家、哲学家们的帮助下尝试改变自己国内的制度，也就是古人说的"变法"。比如魏国的李悝、楚国的吴起以及最有名的秦国的商鞅，都在帮君王们干这件事。

但是，这件事干起来也不容易，主要有两个困难。

第一个困难是这么做会让原来的贵族不高兴，因为变法严重损害了他们的利益。不过，这个困难还好说，只要君王自己的实力够强，活得时间够长，就能靠暴力强制推行变法。

第二个困难就有点儿麻烦了：君王要怎么管理那些新得到的土地和百姓呢？换句话说，分封制被打破了，就得建立一个新制度代替它，这个新制度是什么呢？

我们先说旧制度是什么样的。

西周的旧制度，沿用的是人类自远古时代就一直使用的家族模式——让百姓以家族为单位生活，由家族的族长来管理他们。在这个制度下，一个大家族内部的事

诸子百家闪耀时

务，外人是没办法干涉的。说白了，如果不长期生活在一个家族里，那么这个家族里有多少口人，这块田、那棵树是谁家的，哪个人奸诈、哪个人老实，发生两个人闹矛盾的情况应该向着谁……这些信息外人都无从知晓，也就不可能公平地处理家族内部的事务。如果硬要让一个外人来处理，就变成了"糊涂官断糊涂案"，很容易引起家族成员的普遍不满。所以，古代统治者能想到的最省事的管理方式，就是分封制——某一块土地，我就委托给某一个家族，家族内部的具体事情我就不管了。

而到了战国时期，君王们希望把这些家族都打破，让他本人直接去管理一个个百姓。那么，就必须有一个新的制度，把这些脱离了家族的百姓重新组织管理起来。

法家的哲学家们就找到了这个新制度。具体来说，就是他们设计了一套可以由官府去执行、用刑罚来贯彻的规矩。这套规矩就叫作"法"，[1]我们可以把它理解成，这是在古代针对百姓（不包括君王）的一套刑罚制度。

"法"的出现，彻底改变了春秋战国时期的社会形态。

你可能听说过关于"商鞅变法"的一个小故事：传

法家：拯救世界的新办法

说商鞅在开始变法之前，为了取信于民，在城门口立了一根棍子，说谁能把这根棍子搬走，就给谁一大笔钱。大部分百姓都不相信有这种好事，只有一个人试着搬了。商鞅果然给了他一大笔钱，于是官府就此树立起威信，变法就可以逐步推行了。①

这个故事乍一听呢，好像是个讲"言出必行"的哲理小故事，没有多大意思。但如果我们把这个故事放到

① 参见：《史记·商君列传》

诸子百家闪耀时

历史的大背景下,就能发现其中有很强烈的象征意义——在法家的主导下,出自官府的法令,要开始代替家族来管理百姓了。

在时代的转折中,百姓突然被一个自己之前从没有见过的新规矩所统治,这不是一件容易的事,所以以商鞅为代表的官府才需要用这么极端的方式来树立威信。以我们今天的经验来看,那些不相信商鞅的百姓好像有点儿笨。但是,从当时的状况来看,百姓只知道听家族和主人的话,并不知道官府和法令是什么,所以他们不敢相信商鞅的反应才是正常的。

这个故事代表了一个用官府法规取代家族家规的新时代的到来。可是,这个新时代的到来并没那么容易。

在中国历史上,有过很多次失败的变法——王莽、王安石、康有为等都"变法"过。这些变法的主导者在变法前一个个引经据典、头头是道,大道理一套一套的,听上去他们的理论无比完美,但是最后却失败得相当惨烈。其中一个原因是这些主导者都在异想天开,他们是靠翻阅古书加上自己的瞎想,在书斋中设计出一套自以为完美的新制度。等到这些想法真正执行的时候才发现,

法家：拯救世界的新办法

历史的规律和他们的空想完全不一样。

历史上，真正能够成功的变法往往不是空想出来的，而是根据已有的成熟制度，一点一点改造出来的。

前面说的墨子、孟子和老子，多少都有点儿空想的毛病，因而他们的主张都有不切实际的地方。但是法家的哲学家们不一样，他们更务实。他们不凭空想象，而是从现实中寻找已经被使用了很多年的旧制度，然后把这些旧制度挪用过来，修改一下，放到新的世界里重新运用。

有什么旧制度可以借鉴和修改呢？答案是当时的军事制度。

在春秋战国时期，战争的规模不断扩大，诸侯国需要不断扩充兵源，甚至把普通的百姓也拉去打仗。在持续的战争中，军事家们打磨出了一套指挥全体士兵、维持军队秩序的制度。这套制度里没有"礼"啊、"仁"啊之类的大道理，只有一个优点——好用。因为打仗和学术辩论不一样，不用动口，直接上手，凡是不好用的方法，结局直接就是战败了、死光了。所以只要是在战争里留下来的制度，就一定是组织民力最高效的方法，法家的

诸子百家闪耀时

哲学家们只需要照搬过来就可以了。

不过,读历史时要小心这样一点:在描述一段历史变化的时候,历史书为了叙述方便,往往会单独挑出一个具体的事件,作为这场变化的标志。比如从周朝到秦代的制度变化,就挑出了"商鞅变法"。一说到这场变革,我们第一时间想到的就是商鞅颁布了多少新政策。

但是,真实的历史并不是因为出现了几个睿智的思想家、哲学家,大手一挥说:"这就是历史大趋势,我们就这样干吧!"就拐弯儿了。真实的历史变革,往往是缓慢的、渐进的。

比如刚才说的,法家的哲学家们借用了军队制度来管理百姓,这其实不是法家的发明,早在法家策划变法之前,军队制度就已经出现了。

过程很简单。因为从春秋开始,诸侯国总打仗,君王们就想增加兵源。周朝的制度是只有住在城市里和城市附近的人才有可能当兵,而那些住得离城市比较远的百姓是不需要打仗的。现在战争多了,君王们就想把那些离城市比较远的百姓也拉进军队里。这个决定看上去简单，其实会给当时的行政体系带来一项重任：官府必须开始对这些百姓进行户籍统计之后完成征兵工作。换句话说，官府你得知道这些百姓平时都住哪儿，家里有几块地，有几个青壮年，别回头一征兵这些人就跑光了。

古代识字的人很少，管理户籍这么复杂的工作，怎么开展呢？最方便的办法就是把军队的管理和百姓的人头一一对应起来。比如一个将军平时率领一百个士兵，那这一百个士兵对应的家庭也让这个将军来管。平时不打仗的时候，这个将军就作为"民政官员"，负责管理这些家庭。[2]

这个方法有很多弊病。比如军事和民政工作其实是"隔行如隔山"，但是，这个方法最方便。对于春秋时期缺乏"行政经验"的君王来说，用这个办法立刻就可以组织起更多的军队来。

所以，在商鞅之前很早的时候，就已经有一些地区把军事制度引入到地方行政制度中去了。[3]

法家厉害的地方在于他们敏锐地发现应该把这个制度推广到全国。于是，他们把这套制度规范化、严密化，形成了一套全体百姓都必须遵守的规矩，也就是"法"。

举个例子。

古代军队有一大苦恼,就是怎么防止士兵逃跑。为了解决这个问题,难道单独弄个督战队?这太麻烦,效率也太低。结果古代军队采用了简单粗暴的"连坐"制度,就是一人犯罪,其他人也跟着受处罚。

我们今天有一个"伍"字,用来指代军队。比如"军伍""队伍"。"伍"这个字,本意是古代最小的军事单位,就是字面意思:五个人。古代的军队就规定了,这五个人的小团队里,如果有一个人逃跑了或者犯了其他罪行,其他人没有及时阻止或者报告,那就把这些人都杀了,[①]就连他们的上级也要受到惩罚。总之,就是一个人犯错,和这个人有关的其他人跟着一起遭殃。

这规定公平吗?一点儿都不公平。但是,古代的统治者才不在乎什么公不公平,他们在乎的是高效率。"连坐"的好处是不需要设计复杂的监督制度,能让士兵们自己监督自己,用今天的话说,这样管理成本可以降到最低。

商鞅就把连坐制度挪用到了百姓身上。他在秦国的

---

① 参见:《墨子·号令》

诸子百家闪耀时

百姓中施行以"伍"为单位的家庭小组,这样,如果一家犯法,其他家庭不告发这家就全部"连坐"。①

我们今天有一个词叫"四邻",就和这套制度有关。秦朝时,五个家庭是一"伍",也就是说,自己家和周围的四家邻居是一"伍"的,周围这四家人就是我的"四邻"。②四邻之间虽然有互相帮助的义务,但更多的是一起连坐的恐惧和互相监督的警惕。所以,"四邻"在当时的含义,要比今天黑暗很多。

我们刚才说了,管理百姓这项日常工作特别复杂。两家吵架,如果不熟悉这两家平时的为人、过去的往来,官府很难判断谁是谁非。等到商鞅这里,这事就简单了。一切的公平正义,乃至于这两家人对审判结果服不服气,都要为效率让路。能讲理,咱们就讲,秦朝为解决基层纠纷也的确制定了不少法律。[4] 但万一没处讲理了怎么办?那您就得给效率让路了,因为在法家的眼里,百姓是给君王提供粮食和军队的机器,③谁会跟机器讲什么

---

① 参见:《史记·商君列传》
② 参见:睡虎地秦简《法律答问》
③ 参见:《韩非子·备内》《韩非子·六反》

172

公不公平啊？

连坐制度只是商鞅变法里的一小部分，商鞅更大的动作是利用军事制度把整个秦朝的社会结构都改变了。过去，西周讲的是大家族的分封制，是晚辈必须服从长辈的"礼制"。而在商鞅的主导下，秦国打破了过去的贵族等级，改成了"军功制"，也就是哪个老百姓给君王上交的粮食多，在战场上杀的敌人多，这个人在当时的社会地位就高。

说白了，商鞅把秦国变成了一个大军队，整个军队的最高指挥者是秦王。在军队里，指挥全军上下的权力都掌握在指挥官一个人的手里；在秦国，自然全国的权力都掌控在秦王一个人的手里。

如此，法家助力君王追求权力的目标实现了。

但是，商鞅的下场却很惨。这又是怎么回事呢？

法家的商鞅做错了什么事？

商鞅虽然在秦国变法成功了，但是他的下场却非常惨，原因是商鞅只维护秦王一个人的权力，自然就得罪

百姓是君王随意役使的工具——韩非子

了其他贵族。在秦王活着的时候,那些贵族就很想弄死商鞅,以至于商鞅出门时随身都要带着一支重装部队。①等到秦王死后,贵族们更是公开迫害商鞅,最后把他残忍地杀死了。另一个在楚国变法的吴起,也惨死在贵族的弓箭下。

商鞅、吴起等人的下场给后来的法家留下了一个惨痛的教训:要想得到权力,不仅仅要握紧手里的兵和钱,还要时刻提防来自身边的敌人。

① 参见:《史记·商君列传》

法家：拯救世界的新办法

怎么控制百姓，维持社会秩序，从百姓手里抢夺财富的学问，在当时叫作"法"，这是公开的法度。而怎么提防、算计身边的人，既能害人又不会被别人害的策略，在当时叫作"术"，这是隐秘的诈术。

在商鞅之后，另一个法家学者申不害就提出了"术"，专门讲怎么耍阴谋诡计，怎么和别人钩心斗角。[5]

这"术"一提出来，法家发现这套本事不仅对自己有用，对君王更有用。因为对于君王们来说，威胁最大的往往不是国境外面的敌人，而是身边的亲戚、权臣。在整个中国古代，无数君王都倒在了宫廷政变中。退一步说，就算亲戚、权臣不造反，他们当中还有很多人想尽办法向君王阿谀逢迎、投机耍滑、谋取私利，君王们眼巴巴地盼着能有一套方法来对付他们。

孔子说，解决问题的方法是提拔那些懂"礼"的人当大臣。

孟子说，君王对大臣好，大臣自然就对君王好。①

《老子》说，一切都得"无为"，君王面对臣子得放低自己的位置。君王在臣子面前越谦卑，这个国家才能

---

① 参见：《孟子·离娄下》

诸子百家闪耀时

越来越好。①

法家说,这仁义哪儿管用啊,咱们得以毒攻毒啊!大臣想戏弄君王?那如果君王比大臣还懂阴谋,君王不就赢了吗?②所以,最正经的事是总结出所有的阴谋诡计,让君王偷偷学习了,他的权力才能稳定。

如果你是君王,你愿意听谁的话呢?

在申不害之后,有一位法家代表人物被咱们称为"韩非子"。他结合了前人的主张,又讲"法",又讲"术"。他告诉君王,对付百姓就用"法",对付官吏就用"术"。③

这就等于说,韩非子给君王准备了一套全方位强化权力的执行手册。君王们照着去做,既能掌握天下的人力、物力和兵源,又能把群臣控制在手掌心里。这样的方法,哪个君王能不喜欢呢?

果然,韩非子的著作传到了秦国。秦王看了以后,喜欢得不得了,甚至说,我死都想见见这个人!④你看,

① 参见:《老子》通行本第六十八章
② 参见:《韩非子·奸劫弑臣》《韩非子·外储说右下》《韩非子·六反》《韩非子·八说》
③ 参见:《韩非子·定法》
④ 参见:《史记·韩非列传》

法家：拯救世界的新办法

韩非子的待遇，可比当年的孔孟强多了。照这么说来，法家就是富贵的敲门砖，学法家就应该一辈子大富大贵才对啊！

可事实并不是这样。

最关键的原因是法家太薄情了。

法家看待世界的眼光最现实，所以，他们认为人和人之间没有感情，只有利益。孔孟从父母和子女的关系中，看到了人和人之间的亲情。但是韩非子观察到，当时很多穷苦的百姓为了多养活劳动力，只保留男婴而杀掉女婴。于是他说，你看，这人间哪有什么亲情，只有赤裸裸的利益！[1]

法家认为，人和人之间的交往，一切都以自己的利益最大化为前提。[2]法家是这么劝说君王的，也是这么践行自己人生的。

韩非子的老师是荀子，在荀子的门下，还有另一个学生叫作李斯，这个李斯也是法家的信徒。

---

[1] 参见：《韩非子·六反》
[2] 参见：《韩非子·心度》《韩非子·外储说左上》

诸子百家闪耀时

李斯这个人一辈子痴迷于名利。他年轻的时候是个基层的小官,有一次,他见到厕所里的老鼠吃着肮脏的食物,吃东西的时候,它的神色特别慌张,后来,他又见到粮仓里的老鼠,不但吃的是好米,还住在大房子里,根本不担心人的侵扰。作为一名法家信徒,李斯总结出了自己的人生经验:一个人的社会地位决定了他有没有出息。①在他看来,人要想得到名利,就得不顾一切地往上爬呀!

于是,李斯就拼命钻营,后来终于在秦国谋到了职位。就在这个时候,韩非子写的书传到了秦国,受到了秦王的赞誉。不久,韩非子又作为当时韩国的使者出使秦国。韩非子和李斯是同门,如果是孔子遇到这件事,应该是"有朋自远方来,不亦乐乎?"发自内心地为同门的到来而感到高兴。可是,信奉法家的李斯反倒慌张起来,担心秦王一旦重用韩非子,自己就会受到轻视。于是,李斯就向秦王进谗言,把韩非子给害死了。②

在法家看来,这就是一个人人为己的世界,如果你

---

① 参见:《史记·李斯列传》
② 参见:《史记·韩非列传》

不想吃亏,就要先把别人除掉甚至害死。

这么想对吗?

人不为己,就要天诛地灭吗?

其实,以我们今天的伦理学和社会学来看,认为"人都是自私的"不算是一个错误。现代社会在制定规则的时候,也是利用了每一个人的"私心"来提高全社会福祉。事实证明,尊重"私心"的社会的确可以创造出更多的财富。

但是,这并不意味着人性中就没有无私的一面,也不意味着人们不会主动敬老爱幼、救助贫苦。在今天,即便是在那些强调私人利益的国家里,慈善机构仍然是一种重要的社会力量。人们凭借自发的善心,同样挽救了无数生命。

所以,人性是复杂的。在今天的社会里,我们既承认人的本性是自私的(所以我们不会因为别人不捐款去打他一顿),我们也相信有很多人可以超越自私(所以我们不会嘲讽那些献身慈善事业的人都是沽名钓誉的伪君

子）。这样一个承认人性多样性的社会，才能最大化地创造幸福。

可是，法家把人性想得太极端了。在他们的眼里，人性里只有自私，儒家讲的仁义道德全都会耽误事，是对"法"的破坏。①

比如，孔子主张的"亲亲相隐"②，认为父亲犯罪，儿子不许告发。因为亲人之间互相检举，那是对亲情、对"礼"的破坏。可在法家看来，孔子的主张就是在破坏"法"。

再比如，孟子说做人要有气节，应该"富贵不能淫，贫贱不能移，威武不能屈"③。法家则认为，君王驾驭别人的秘诀是"赏"和"罚"。④如果一个人又不爱钱，又不畏刑罚，那这人就没法管了，像孟子这样的人，就得一刀杀了。⑤

因此，法家绝对不能容忍儒家思想的存在。而且在

---

① 参见：《商君书·勒令》《韩非子·五蠹》
② 参见：《论语·子路》
③ 参见：《孟子·滕文公下》
④ 参见：《韩非子·二柄》《韩非子·八经》《韩非子·制分》
⑤ 参见：《韩非子·外储说右上》

法家:拯救世界的新办法

法家看来,不仅是儒家,所有的道德都是对"法"的破坏。官员们平时该做什么,"法"都已经规定好了,①如果再讲道德,这些道德标准就可能和"法"产生冲突,就会破坏"法"。②

除此之外,法家也不允许咱们今天提倡的学术自由。因为一旦学术自由就会有各种各样的观点,有了观点就会有争论,最后就会有人争论"法"是不是合理,然后

① 参见:《韩非子·孤愤》
② 参见:《商君书·勒令》《韩非子·诡使》

诸子百家闪耀时

就会有人不去守"法",①法家自然也不能容忍。

在中国古代的官僚系统里,有两种官员。一种官员需要做出各种判断和决策,比如一个县官,需要断案,需要决定什么时候修路,什么时候赈灾……这类官员,在古代叫作"官";还有一种官员,只负责执行法律条文和上级的命令,他们自己没有决定权,这类官员,在古代叫作"吏"。

法家理想的社会是全社会都是执行"法"的"吏",所以,法家主张"以吏为师"。②就是说,百姓不需要上学,不需要从老师那里学习什么思想和主张,通通按照"吏"的指令做事就行,这样的社会就可以像机器人那样一丝不苟地运行了。

所以,秦始皇统一了中国后,在李斯的主导下,禁止民间开设学校。在民间,除了讲占卜、农学、医学这种技术性的"理工科"书籍外,其余的书籍全部销毁,③这就是历史上有名的"焚书"。

---

① 参见:《商君书·修权》《韩非子·问辩》《韩非子·五蠹》
② 参见:《商君书·定分》《史记·秦始皇本纪》
③ 参见:《史记·秦始皇本纪》

经过这通操作后,秦始皇统治的天下就变成了法家心目中的理想社会:除了君王之外,每一个社会成员都如机器般精准地执行法令,不会思考,不会质疑,这样就可以恢复自西周之后日益丧失的社会秩序,建立一个亿万年不倒的稳定社会。

法家认为,这就是拯救世界的最终答案。

然而,他们错了。

知识小结

- 法家认为,人的本性是自私的,人们看重自己的利益高于一切。
- 在法家看来,作为君王,最重要的是掌握权力。用法家的话说,就是要有"势"。
- 法家认为,掌握权力的方法有两种。对百姓,君王要制定严刑峻法,用军事制度管理百姓,把百

姓像牲畜一样驱使,这叫作"法";对官员和权贵,君王要耍阴谋诡计,用计谋和策略把大臣们玩弄于掌心,这叫作"术"。

- 法家残酷无道,但是在短时间内提升了秦国的国力,帮助秦国打败了六国。但是,法家把人性看得太极端,否认人性中善的一面,这为秦朝日后的灭亡埋下了种子。

经典原文:

- 《韩非子·六反》:"君上之于民也,有难则用其死,安平则尽其力。"
  这句话概括了法家的政治观,即百姓是君王可以随便奴役、驱使的工具。
- 《韩非子·五蠹》:"儒以文乱法,侠以武犯禁。"
  这句话概括了法家的思想文化观。法家反对一切自由的思想和行为,所以他们反对其他学派,也反对游侠。但是,后世其他学派的学者层出不穷,侠义精神同样源远流长。

第七章
董仲舒：发现历史答案的『宗师』

为什么强大的秦朝这么快就灭亡了？

秦国在使用法家提倡的制度后，达到了效率最大化，再加上秦国坐拥关中地区的地理优势，于是，最后打败了六国，统一了天下。从此，中国历史进入了"秦"的时代。

秦始皇是靠法家的制度把全国的权力集中到自己手上的，也是靠法家的制度征服了当时的天下，所以，秦始皇就想当然地认为应该在所有的地方都施行法家制度，这样才能把全天下的权力都集中到他一个人的手里。于是，秦国在已经征服的地区设立了郡县。每一郡、每一县，都由秦国派遣的官吏按照《秦律》严格管理。从此以后，普天之下的每一寸土地，每一个壮年男子，理论上都在秦始皇的直接控制之下。这是华夏文明自诞生以来，从来没有人能完成的功业。

所以，秦始皇非常得意。他以为，自己找到了恢复

世界秩序的答案；他以为，有了法家的制度，他的王朝就可以永远延续下去。①

结果，就在秦始皇去世后一年，天下大乱。之前被秦国征服的诸侯国又纷纷自立为王，天下又回到了群雄争霸的混乱时代；仅仅又过了两年，秦朝就灭亡了。

为什么秦朝灭亡得这么快？以今天的"后见之明"来看，主要有两个原因。

一个原因是，秦朝统治面积的扩大，急剧增加了管理的成本。

秦始皇的目标是要把天下所有的权力都集中在自己的手里。为了实现这一点，最理想的状态是把天下的粮食都集中在他的身边，来供养他的军队。可是，古代的交通技术很差，运输成本很高。在长途运输中，运粮的成本高出粮食本身很多倍，这就造成了巨大的经济支出。②

秦始皇不可能把所有的财物都运到他眼皮子底下来，大量的粮食等物资只能储存在当地。这些财物名义上都

---

① 参见：《史记·秦始皇本纪》
② 参见：《史记·主父偃传》《贾谊新书·属远》

是属于秦始皇的，但是他既看不见又摸不着。如果经手的官吏偷拿走一些财物，然后向君王撒谎说仓库里的财物本来就只有这些，那怎么办？君王也没有别的办法，只能用复杂的制度去监督下属。

比如秦朝的法律规定，官员要定期检查仓库里有没有老鼠洞。有两个以下的老鼠洞，口头批评；有三个以上的老鼠洞，罚款处理；甚至还规定，如果是小老鼠的老鼠洞，三个洞算一个洞。①这些工作做起来太琐碎了，但是，只有通过这么细致的检查，才能用制度来对抗人的私心，保证财物不被君王之外的人放进自己的腰包。

可是，在技术条件很有限的古代，这么繁复的工作需要投入巨大的成本——那个时代没有纸，培养一个识字的官吏，以及大量的文书撰写工作，都要花很多钱。

此外，距离也增加了管理的成本。秦朝疆域广大，我们今天一个电话就可以传递的消息，在秦朝要靠人力传递，最长需要好几周的时间。[1] 缓慢的沟通速度，进一步降低了管理的效率。

效率降低是一件很要命的事。

---

① 参见：《秦律十八种·法律答问》

治理国家也类似于做买卖，要精打细算、控制成本。用今天的话说，至少国家从百姓手里收上来的税赋，得够付官吏和军队的工资、官府的办公费用才行。可是，随着秦朝统治疆域的扩大，管理偏远地区的支出越来越高，等到支出大于税收，这样的管理就成了一个赔本的买卖。为了满足不断增多的支出，就只能增加百姓的纳税金额。如果百姓也负担不下沉重的赋税了，那么这个国家也就治理不下去了。[2]

秦朝迅速灭亡还有另一个重要原因：秦国的民风和其他国家不太一样。

秦国原本发源于边疆地区，"周礼"在秦国的根基没有那么稳，所以法家制度在秦国推行的时候，阻力就很小，百姓很容易就接受了。[3]而且秦国在统一六国之前，已经施行了法家制度很多年，因此秦国的百姓已经适应了这种生活方式。

但是，其他六国不一样。秦始皇在很短的时间内攻灭六国，并且迅速推行秦朝的制度，相当于让那些被统治地区的百姓，在很短的时间内体验并接受一套全新的社会制度。偏偏秦朝的制度又不拿百姓当人看，主张效率大于公平，国力大于良善，谁不听话就砍谁。这样的制度，自然会让六国的百姓产生巨大的抵触心理。[4]

更要命的是，法家讲的是"法不容情"，不允许任何因素破坏"法"。①官吏是"法"的无情执行者，而不是官府和百姓之间的润滑剂，百姓和官府之间没有任何的缓冲地带。面对官府的压迫，百姓要么服从，要么被杀。因此，一旦官府给百姓的压力过大，整个行政系统就会像压碎的石头一样崩开。政权的灭亡，就在转瞬之间。

总结成一句话：陡然扩大的领土，让原本靠法家强国的秦，成了强弩之末，最终让看似强大的秦朝转瞬之间分崩离析。

可是，我们也说了，上述这些成败经验，都是我们积累了几千年历史教训的"后见之明"，当时的人并不知道。

秦朝灭亡以后，当时的人看到的是一个已经没法拯救的世界——

自从"周礼"崩溃以来，人们经历了孔子、孟子、

---

① 参见：《韩非子·八经》

诸子百家闪耀时

墨子等人的拯救方案；经历了老子、庄子逃避退缩的治国策略；最后经历了法家的雷霆霹雳，好不容易把天下统一了。虽说法家的方法残暴，但好歹是终结了乱世，总算给恢复世界秩序找到了一个答案。

可是接下来怎么着？秦朝瞬间崩溃，诸侯并立，一夜之间，乱世又回来了？！这什么时候是个头儿啊！

秦朝崩溃以后，很多政治家、思想家、哲学家对于"到底该怎么维持天下秩序"这个问题，彻底蒙了。

秦亡后，最先控制天下的是项羽。但是项羽没有让自己当帝王，而是分封了诸侯，把自己封为"西楚霸王"，当了诸侯的盟主，他似乎是想让天下回到当年西周的模式。

但是分封制的弊端我们之前说过，一旦诸侯的势力变大，就会挑战盟主的地位。而且秦末之际，生产力已经比西周提高很多，一方诸侯都可能横扫天下，因此分封制不可能长存。在项羽分封诸侯后不到半年，刘邦就起兵造反了。几年以后，刘邦打败了项羽，统一了天下。

但问题是，刘邦也不明白应该用什么方法来维持社会秩序。像项羽那样的分封制肯定是不行了，可像秦朝那样用法家制度也不行啊。

最后,刘邦来了一个折中的办法。

首先,他把天下一分为二,距离当时首都近的地方,采用秦朝的郡县制直接控制;而距离首都远的地方,则采用分封制间接管理。

其次,他对百姓采取"尽量不干涉"的政策。也就是说,这个地区的百姓原本习惯什么样的政策,朝廷就采用什么样的政策。百姓最敬重当地哪些有威望的长辈,那么官府也跟着尊重这些长辈。用今天的话说,就类似于:"我们官府啥也不管,有事儿您自己看着办。只要好好交税,不跟官府叫板,您愿意怎么着就怎么着。"[5] 总之,这样做的目的是力求大家都开心,国家不出乱子。

这样一来,官府的管理成本就降下来了。因为在很多地区,官府只需要和当地有威望的族长达成协议即可,不用干涉具体的事务,这样就省去了大量的工作。如此一来,国家节约了管理成本,也就减轻了百姓的赋税。

再次,官府和百姓之间也有了地方长者这个润滑剂。百姓之间的矛盾均由地方长者解决,而长者要维持自己的威望,裁决的结果就要尽量服众,进而减少了百姓对

官府的不满。

前面说过,百姓的目的不过是"苟活"而已,既然官府的压迫有了缓冲,又减轻了赋税,百姓自然不会主动造反。再加上连年战争打得民生凋敝,百姓连活下去都很不容易了,更没人有能力再去组织大规模的战争了。

于是,天下就这么渐渐地恢复了太平。

但问题又来了,这治国不能一直凑合着来啊!

天下是暂时太平了,但是汉朝的统治者们并没有弄明白,到底是因为啥这世界才实现太平了,怎么干才能继续维持更长久的太平呢?

说白了,汉朝的统治者们不能天天傻坐在屋里啥也不干,他们得把天下最聪明的人召集到一块儿,合计合计,这国家接下来到底应该怎么治理呢?

当年,秦始皇在李斯的建议下,禁止了天下的学术自由。汉初的统治者首先取消了秦朝的禁令,向天下征集图书。在秦朝时不敢说话的各路学者,现在都可以聚到汉朝统治者的身边了。

那么,这些聪明人能提出什么新的建议呢?

"黄老道家"有什么治国秘诀?

这里,咱们先总结一下,汉代之前的思想家、哲学家们都有什么观点。

你可能听过"儒、法、道"这样的说法。

汉代之前的中国哲学,大致可以分成"儒、法、道"三个学派。

前面提到的孔子、孟子和荀子,他们属于"儒家"。简单地说,儒家最看重人和人之间的伦理关系,特别是亲情。比如在儒家看来,"儿子要对父母尽孝"就是一件非常重要的事,甚至比法律更重要。如果为了尽孝而违反法律,法律是可以通融的。

前面提到的商鞅、李斯和韩非子,他们属于"法家"。简单地说,法家最看重的是君王的权力和无情的法规。在法家看来,为了维护权力,可以不择手段;为了维护法律,可以使用酷刑。

前面提到的老子、庄子,他们属于"道家"。简单地说,在道家看来,我们在现实世界中的各种努力都不重要,人生的目标应该是超越世俗世界,追求精神上的超脱。

要注意的是,"儒、法、道"这三家之间的区别并不是那么明确。

在有些人的印象里,"儒、法、道"三家好像是三条平行流淌的河流。每一条河都有自己的思想传承,它们按照各自的思路闷头往前奔。但是,真正的历史不是这样,在历史现场中,这三家是互相纠缠的。

道理很简单。每一代思想家、哲学家,他们并不会认为"我只学一个学派的知识,我要当一个偏颇的思想家、哲学家",而是会去学习一切已有的学说,收集所有的历史经验,把这些学说和经验融合在一起,得出一个自以为完美的、可以解决一切疑问的答案。

我们可以把中国哲学史想象成是一辆大车。这辆车上有三根绳子,"儒、法、道"三家的哲学家们各拉着一根,每一家拉的方向都不太一样。大车在三根绳子的合力作用下前进,有时候往路的左边偏一点儿,有时候往路的右边偏一点儿。但无论偏向哪边,三根绳子都拴在那辆车上,大家发力的位置都差不多。

举个例子。

前面说过,孔子、墨子、孟子因为自己的历史经验董仲舒：发现历史答案的"宗师"

有限，都提出了一些不切实际的政治主张。但是，到了战国中后期，在频繁的兼并战争中，人们已经发现这世上的人心没有孔孟想象得那么好。于是，那时的思想家、哲学家们有了偏向法家的趋势。

比如荀子，我们今天说他属于儒家，是因为荀子和孔子一样，都希望恢复"礼"。但是荀子认为，人的天

性是贪图名利,而不是追求善良。①所以,要恢复"礼"不能光靠个人修养,还得靠外在的规范去强制约束百姓。在荀子这里,"礼"就有点儿像法家主张的"法"了。而且荀子教出来的学生李斯、韩非子,正是法家的代表人物。

再比如,道家原本的主张是"道",是人类无法掌握的,所以国家不能发展生产力,否则越发展灭亡得越快。可后来的历史显然不是这样,兵马越多的国家越容易灭了别人。于是,战国后期的学者就把道家的思想改造了。

这派学者为了抬高自己的地位,声称他们的理论部分来自于《老子》,部分来自于古代伟大的帝王"黄帝",所以这派学者被称为"黄老道家"。

"黄老道家"修改了《老子》关于"道"的主张,他们认为"道"的规律是可以掌握的。谁能掌握呢?就是君王。君王掌握了"道",再根据"道"去制定法规来约束百姓。所以这个世界离不开君王,因为君王管理百姓是合理合法、符合天道的。

你看,这套说辞是不是很像法家?他们一方面论证

---

① 参见:《荀子·荣辱》

了君王管理百姓是理所当然的,这类似于法家的"势";一方面论证了君王应当顺应"天道"制定法规,这类似于法家的"法"。

法家一共有三个主张,"势"(权力)、"法"(法律)和"术"(权术)。现在"势"和"法","黄老道家"都有了,就差一个"术"。"黄老道家"说了,"术"我们也有啊!比如说"以柔克刚",就是要假装柔弱,麻痹对手,再找机会消灭对方。

你可能还记得,《老子》的"以柔克刚"只是在阐述一种必然规律。说的是柔弱的、不争抢的事物留存的时间更长,争强好胜的事物反而毁灭得更快。这本来是主张人应该保持柔弱的姿态,但是到了"黄老道家"这里,"以柔克刚"改头换面,变成了耍阴谋诡计。

总而言之,到了战国中后期,思想家、哲学家们已经达成了几个基本共识:

第一,群臣和百姓要服从君王的个人意志,君王的地位最高。(也就是法家主张的"势")

第二,治国不能光依靠人们内心的善念,还得用外在的规范限制群臣和百姓。(也就是法家主张的"法")

第三，在政治活动里，君王得掌握一些权术，懂得一些阴谋诡计。（也就是法家主张的"术"）

这几个共识不是大家商量出来的，而是战国中后期的历史经验证明出来的——只有遵守这些原则的诸侯国，在战争中才不吃亏。

战国时期最后胜出的法家是把"势""法""术"发挥到极致的学派。所以我们可以说，法家的胜利不是某个人的意志，而是历史发展的必然结果。

在今天，人们同样有很多不同的社会观点。你可能见过有些人为了这些分歧争执不休，甚至会大打出手。可是，如果我们仔细观察，其实大家争论的，都是一些相对比较小的问题。在很多"大问题"上，人们已经达成了共识。比如，今天大多数人都相信：这个社会应该人人平等，应该尊重劳动者、尊重法律，自由公平的市场环境可以创造更多的财富等等。这些问题已经被过去的历史经验反复验证过了，所以没有更多讨论的必要。

今天，人们争论的大都不是上面那些大问题，而是一些具体的分寸和技巧。比如，人人都主张应该保护弱小，而很多人争论不休的是具体应该怎么保护：到底从富人那里收百分之几的税，分配给贫苦到什么程度的人，具体用什么方式分配。这个"百分之几""贫苦到什么程度"，就是人们争论的"分寸"；"用什么方式分配"，就是人们争论的"技巧"。

古代也是一样。到了汉初的时候，思想家、哲学家们普遍相信，要维持天下的秩序，权力、法律、权术这三样都得有。"儒、法、道"这三家的区别，仅仅在于具体的分寸和技巧。比如各家都主张"应该用规范约束百姓"，法家主张的是"百姓犯错就得上酷刑"，儒家主张的是"你得先说教，实在不行再揍他"。

在这样的背景下，统治者们最后听信哪一学派的主张，其实区别并不大。

刚才说了，汉朝刚刚统一的时候，统治者们对于"用什么政策才能维持一个统一的大帝国"还处于蒙的状态，于是暂时采用了"尽量不干涉"的政策。其实，这个政策也要讲"势""法""术"这些当时思想界的共识，只是在制定具体内容的时候稍微宽松一点儿而已。

制定了这样的政策后，汉初的统治者们发现，在当

时的思想学派、哲学流派里,"黄老道家"和他们主张的最接近,于是"黄老道家"就成了汉初帝王们公开支持的一派。

可是,选择"黄老道家"终究是权宜之计,汉初帝王们的主要心思还是放在了打仗上。

这是因为刘邦在统一天下以后,给自己的帝国设计了一个混合政体。一半是帝王直接统治的郡县,一半分封给了自己的亲戚,想让亲戚们像西周那样拱卫皇室。

但是,汉朝不是周朝。在经历了战国时期的残酷斗争之后,人们不再相信分封制可以维系一国的稳定。帝王和诸侯们都已经见识过春秋战国时期发生了什么,大家都知道分封的最终结果是刀兵相见,所以不如先下手为强。说白了,当时的天下是个"我知道你想要弄我,我也知道你知道我想要弄你"的局面。所以,从一开始,双方就陷入了深深的不信任中。因此,刘邦留下的制度不可能像西周那样长久,他死后的几个汉朝帝王全都陷入了同诸侯的斗争中。

又经过了几代人的阴谋和战争,直到汉武帝的时候,诸侯们才被彻底平定。天下都变成了汉武帝一个人控制

董仲舒：发现历史答案的"宗师"

的郡县，这是自秦始皇以来的第二次"大一统"。

现在，汉武帝想不直接统治天下都不行了。历史逼着他，必须交出一份答卷来。

那拖着不交这份历史答卷行不行？

换句话说，汉武帝能不能继续沿用"黄老道家"的旧政策，继续把日子"混"下去呢？

不行。因为在秦朝灭亡之后，留下了一个大问题。这个问题是：朝廷应该怎么管理百姓？

在西周，国家被分成了很多小块儿，每一小块儿都是一个家族的私产，国家不去干涉。因为每一个家族管理的土地不是很大，所以管理百姓没什么难度。

等到了秦国变法的时候，为了能直接控制百姓，官府命令每个家庭都从原来的贵族手中分离出来。人口多的家庭，还要拆分成小家庭。家里有两个成年男子的必须分家，否则就会被加倍征收赋税。[①]法家的理想就是把每一个家庭都变成独立的个体，让他们得不到家族的保护，只能依靠官府。

① 参见：《史记·商君列传》

等到秦朝灭亡后,汉初的帝王们不再敢像秦朝那样亲自控制每一户百姓,而是采用了"尽量不干涉"的政策。汉朝官府把地方的管理职责,委任给当地最有威望、有势力的长者,这虽然避免了秦朝的弊政,却也让官府无法对每个家庭进行精密的管理。官府和百姓之间多了一个"有势力的长者",这些"长者"渐渐地就像一层黑雾,挡在了官府和百姓中间。用今天的话说,就是政府不知道基层真实的情况,只能任由这些"长者"随意汇报。于是,这些"长者"成为当地百姓真正的主人,他们甚至可以让很多百姓只给自己打工,不上官方的户口。这样,这些百姓就不用给国家交税,所有的劳动产出都变成了"长者"的私产。最后,这些"有势力的长者"和朝廷中有势力的官员勾结在一起,拥有大批的良田和附庸的百姓,这些人有了个专门的名字,叫作"豪强"。

等到汉武帝的时候,豪强的势力越来越大,他们不仅吞没了大量财产,甚至还可以干涉司法,窝藏逃犯。[1]长此以往,国家的权力就会转移到这些豪强的手上,最终让国家又一次分崩离析。

---

[1] 参见:《汉书·董仲舒传》《史记·酷吏列传》

那么，朝廷怎么才能把手伸过豪强的黑雾，去直接控制一个个小家庭呢？

秦朝曾经派遣了大量的官吏试图穿过黑雾，结果发现这套系统的成本太高，超过了当时生产力的极限。

那么，有没有省钱又效果好的办法呢？有，而且前面的人已经用过一次了。

我们还记得，在商周交替的时候，周人在没法提高生产力的情况下，是靠什么突破了商朝的统治极限吗？没错，免费又好用的，是人类的基因本能。周朝是依靠人的亲情关系建立了宗法制度。

同样，在汉朝初年，朝廷既想把手伸过豪强的黑雾，又不想多耗费成本，唯一能依靠的还是人的本能。

什么本能呢？

还是周代用过的老办法：人对自己的亲人天生有亲近感。

有了这个本能，再加上关键的一步——只要让百姓把君王看成是自己的亲人，那不就可以轻松维持统治了吗？

那么，怎么能让百姓相信这一点呢？朝廷怎么能

走到每一个小家庭里面,告诉他们,帝王就是你们的长辈呢?

这里面还是有成本问题。"向每个百姓宣传"这件事,在今天很容易,在古代却难上加难。因为古代没法普及教育,要让每个百姓都接受一套新观念,这恐怕比秦朝设置官吏的成本还要高。

那有没有其他省钱的办法呢?

要想省钱,还是得利用人的本能。

"阴阳五行"里隐藏了什么秘密?

我们前面说过"概念"。那是在我们谈论《老子》主张的"道"的时候,如果说万事万物就好像是一片混沌的大地,"概念"呢,就好比是在这片混沌的大地上画了一个个圆圈。比如我们可以画一个圆圈,然后指着它说:"这个圆圈里的东西都是苹果。"从此以后,只要一提到"苹果",大家都知道指的是什么了。

原始人认识世界,也是从画圆圈开始。

比如我们可以想象一下,第一个学会说话的原始人,

董仲舒：发现历史答案的"宗师"

阴阳相抱，
万事静好，
阴阳颠倒，
全乱糟糟！

可能是把他认为有危险的东西画了一个圈，并将这个圈命名为高声尖叫的："啊！"于是，大家一听到有人高喊"啊！"就知道附近有危险，需要小心警惕。

再比如，原始人还有可能会把所有他们认为好吃的东西画了一个圈，并将这个圈命名为喜笑颜开的"嘿嘿

嘿"。这样,如果一个人发现果树了,只要冲伙伴"嘿嘿嘿",伙伴就知道可以跟着这个人去采果子了。

不过,以上的圆圈都只是在万事万物里圈出了一小部分,还有大片的地方没有被圈进去。就比如果树上落下的一片叶子,它既不是危险的也不是好吃的,所以原始人最开始可能并不关心它,也就没给它命名。像"落叶"这样的东西,就被画在圆圈之外了。

即便是有好多东西没被画在圈内,这也并不是什么问题,因为并不影响生活。换句话说,没被画进圈内,就意味着这个东西不重要嘛。但是,等到人类开始用哲学的眼光思考世界的时候,情况就不一样了。

哲学家们想要知道宇宙的真理,他们不甘心万事万物当中还有很多未知的区域,他们想要解释世上所有的事物。也就是说,古代的哲学家们希望能用一个办法,把世上所有的东西全都给分清楚了。

那你想象一下:如果在你的面前,有一个无限大,似乎是无边无际的平面,你想用一些线把整个平面全部分开,最简单的办法是什么?就是在面前画一条直线,把这个平面左右对半分开。

换句话说,当人类刚刚开始思考世界的时候,如果他们需要用一个方法把世间万物分类,那么最简单的方法,就是把万物分成两类。

实际上,我们在现实生活里也是这样做的。比如,我们知道人性极为复杂,要是给人性分类的话,可以分出千百种。可是,对于一个刚刚接触世界的小朋友,怎样最简单地了解人性的分类呢?就两种,"好人"和"坏人",这是最省事的办法。

那么,对于刚刚认识世界的原始人来说,世间万物可以分成哪两类呢?

在原始人的生活里,他们遇到的不可思议、对生活影响非常大的事情是白天和黑夜。白天意味着光明、温暖、安全、兴奋;黑夜则意味着黑暗、寒冷、危险、疲惫。于是,原始人很容易把世界分成"光明"和"黑暗"这两大类。所有好的、积极的东西,都属于"光明";所有不好的、消极的东西,都属于"黑暗"。这是人类理解世界最简单的方法,所以世界上大部分文明都干过这样的事。[6]

我们中国古人也一样。中国古人最早把被阳光直接

照射到的地方叫作"阳",把阳光照射不到的地方叫作"阴"。[7] 就像我们今天还会把住宅里向阳的一面叫"阳面",背光的一面叫"阴面"。后来,中国人把"阳"和"阴"的概念扩展开来,把世上所有的事物都分成了"阳"和"阴"两类。基本上,偏向光明、温暖、令人兴奋的东西,都属于"阳";反之,属于"阴"。

要注意了,这里说的是要给"所有"的事物分类。也就是说,不仅要给万物分类,还要给人的思想和感情等分类。这也不难,因为"阳"代表着光明、温暖,而人兴奋的时候,血液循环加快,体温升高,所以所有偏向兴奋的心理活动,就可以大致归为"阳";反之,消沉、内敛的心理活动,就可以大致归为"阴"。我们今天形容一个人外向,也会说他"阳光";说一个人情绪低落,有时会说他"阴郁"。西方人也有类似的说法,比如在英文里,sunshine 既有"阳光"的意思,又有"开朗"的意思;gloomy 既有"阴暗"的意思,又有"沮丧"的意思。

"阴阳"不仅可以给人的感情分类,还可以给人的行为分类。也就是说,"阴阳"可以携带道德属性。"阳"代表光明,所以公开的行为都属于"阳",比如人们喜欢坦诚相待，因此"阳"偏向于正义；反之，隐秘的行为属于"阴"，比如私下里的计策就叫作"阴谋"。人们不喜欢互相隐瞒，所以"阴"偏向于非正义。我们今天还会说有的人做事"光明正大"，有的人则是"阴险卑鄙"。

这就是中国古代的"阴阳"说。

古人用"阴阳"可以解释万事万物，但是它有个缺点——不够复杂。

在人类学会农耕以后，古人的物质生活越来越丰富。他们发现这个世界上有很多性质完全不同的事物。比如古人发现，土壤加上水会变成泥巴，泥巴遇热会变成泥浆，泥浆可以做成陶器。可这个过程太复杂了，光用"阴"和"阳"来解释太费劲。要想省事，就需要引入更多的概念。

说白了，从前人类在万事万物上画了一条线，将所有事物分成了"阴"和"阳"，可现在不够用了，需要多画几条线才行。

那该怎么画呢？

如果让今天的科学家们来画，性价比最高的方法是

按照化学元素来区分。这套方法特别好用,我们今天的现代工业就建立在它的基础之上。

但是古人没有这些知识,他们想要在万事万物上再多画上几条线来分析这个世界,最简单的方法会是什么呢?

那就按照这些事物给古人带来的直观感受把它们分成几大类。说白了,古人可以观察他们身边可以接触到的东西,只要这些东西看起来、摸起来、用起来的感觉差不多,就可以把它们归为一类。

举个例子。同样是颜色昏暗的土壤,古人也不管其中的成分有什么不一样,通通都归为"土";都是透明的液体,那就通通归为"水"。这样,古人就把他们身边经常接触到的东西归纳为"金木水火土"五种最基本的元素。[8] 然后,他们又通过生活经验,发现这些元素之间存在的各种互动关系。比如,木头能点燃火,古人就总结出"木生火"。[9] 这五个基本元素和它们之间的互动关系,就是中国古代的"五行"说。

这种思路也不稀奇,古希腊和古印度都有过类似的说法。不过,中国古人把"五行"从日常生活扩展到了人们的社会行为里。比如中国古人曾经把每一个朝代都对应上五行中的一个元素，然后按照"五行相克"的原理解释为什么会有朝代的更替。汉朝之后的人就认为，汉朝对应了"五行"中的某个元素，这个元素正好能"克制"秦朝对应的元素，所以汉朝就必然能取代秦朝。

总之，中国古人用"阴阳"和"五行"给万事万物进行了分类。"阴阳"和"五行"加在一起，就是中国古代的"阴阳五行"说。

说到这里，"阴阳五行"还是一种事后解释。

什么叫"事后解释"呢？举个例子。

假设有一天，你出门在外吃亏了。你回来跟朋友诉苦，朋友却数落你说："外面坏人这么多，谁叫你不小心！"朋友的这种解释，就属于"事后解释"，俗话叫"马后炮"。我们也不能说朋友说得不对，但是它没什么用。

比"事后解释"更有用的应该是"事前预测"。比如刚才朋友埋怨你"谁叫你不小心"，你就可以反问他："你怎么不早说呢？我吃亏之前你怎么不提醒我呢？"如果在吃亏之前，朋友就能预测到你可能会吃亏，并且能提

前说出来,这就是"事前预测",这种理论才是有用的。

而且"事前预测"应该越精确越好。比如你下次出门的时候,朋友提前嘱咐说:"这次要小心啊,别再吃亏了啊!"这算是预测,但是预测的范围太模糊了,还是很难把握。如果这时候有人对你说:"根据我的经验,凡是特征是什么什么样的人,都是坏人,你要离他远点儿。"这就是比较精确的预测,对于我们来说,这种理论才真正有用。

用这个标准去看"阴阳五行"说,它基本上就属于"事后解释"。

中国古人用"五行"来解释王朝的更替,是等到汉朝打败了秦朝,坐稳了江山之后,才有一群读书人写文章,说汉朝属于什么什么元素,秦朝属于什么什么元素,所以汉朝取代秦朝是必然的。

可是在汉朝坐稳了江山之前呢?其实也有思想家用阴阳五行来解释王朝更替,但是大家说什么的都有。有说秦朝不会灭亡的,也有说这个诸侯能赢、那个诸侯必败。反正这些思想家在谁的麾下就说谁的好话,显然,在众说纷纭的情况下,"阴阳五行"是没有办法进行"事前预测"的。

中国古人对于日常生活也是这样。中国古代的读书人热衷于用"阴阳五行"解释世间的一切,连农业生产也被安放到五行里。比如他们认为,春天对应了五行中的什么元素,春天庄稼发芽,就符合了五行中的什么理论。

可是老百姓真正种地的时候,跟五行并没有关系。古代的老百姓并不是站在田边,按照"阴阳五行"的原理掐指一算,算出该什么时候耕田,然后再吐口唾沫抡起锄头耕地的。老百姓是根据日积月累的经验,总结出类似于"杏树开花的时候,耕一遍土,杏花落的时候耕第二遍"①他们是用种可以方便执行的农业口诀进行农耕,然后将这些实用的口诀代代相传。所以,真正起到预测作用的是这些农业口诀,而不是"阴阳五行"的理论。

总而言之,在中国古人的生活里,"阴阳五行"基本是一种事后解释。在这个阶段,它对于人们生活的影响还非常有限。

但是接下来,"阴阳五行"就要改变中国人的世界了。

---

① 参见:《氾胜之书·耕田》

诸子百家闪耀时

"拯救世界"的答案是什么？

到了汉武帝的时代，出现了一个大思想家，也可以称他为哲学家，叫作董仲舒。董仲舒把"阴阳五行"的理论仔细地整理了一遍，将其中的逻辑理顺了，并丰富了其内容，最后，弄出了一套比较完备的、用来解释世间万物的哲学主张。

当时的人们读到董仲舒的主张，有点儿像我们今天在学校里学习物理、化学和政治。学完之后，人们看到世间的任何一个现象，都可以说出来这件事背后的原理是什么。在董仲舒的时代，他的这套哲学主张成为解释世间万物最完备的知识体系。

但董仲舒的目标可不只是解释世界这么简单。

就像春秋战国时代的思想家、哲学家们主要想解决的是政治问题一样，董仲舒讲"阴阳五行"，其实也是为了解决政治问题。

董仲舒把所有的社会关系都纳入到了他的"阴阳五行"主张中。比如他认为：

在君臣关系里,君王是"阳",大臣是"阴";

在父子关系里,父亲是"阳",儿子是"阴";

在夫妻关系里,丈夫是"阳",妻子是"阴"。①

这么分类,本身没什么问题。在春秋战国的大部分哲学著作里都有这样的分类,不过那时"阴阳"代表的是一件事情的两面,这两面没有高低贵贱之分,②"阴"和"阳"是平等的。但是,董仲舒给"阴阳五行"说做了一个非常重要的改动:他认为,"阴"和"阳"不是平等的,"阳"比"阴"更尊贵。

按照董仲舒的理论,这种不平等是"天"的客观规律,通俗地说,就是老天爷本来就这样。这就麻烦了,这等于说,董仲舒用他的哲学主张"证明"了:君王天生就比大臣高贵;父亲比儿子高贵;丈夫比妻子高贵。

这种想法在今天看来,当然是既不正确又不公平的。

但是呢,董仲舒说到这一步的时候,我们还可以理解他。我们在分析孔子的哲学思想时说过,生活在他那时的贵族受到环境的影响,会想当然地认为"贵族高人

---

① 参见:《春秋繁露》
② 参见:《春秋繁露·阳尊阴卑》《春秋繁露·天辨在人》

一等",这样的想法在当时十分合理。

　　董仲舒也是一样。在他生活的时代,的确是君王比大臣的地位高,父辈比子辈的地位高,男性比女性的地位高,这是当时社会的既定事实。董仲舒只是在用自己的哲学理论把社会上的事实佐证了一遍。固然我们不喜欢他这么说,但是还可以理解他会这么想。

　　但是接下来,董仲舒犯了一个更大的错误。

董仲舒混淆了"实然"和"应然"这组概念。

什么叫"实然"呢？简单地说，就是一个事物实际情况是什么样子。比如我们看到桌子上摆着一支笔，就说："桌子上有一支笔。"这句话描述的就是"实然"。

什么叫"应然"呢？简单地说，就是一个事物应该是什么样子。比如桌子上摆着一支笔，老师说了："笔不能放在桌子上，应该放到文具盒里。"老师这句话，描述的就是"应然"。

很显然，一件"实然"的事，并不能证明它就是"应然"。

比如，我们知道人的基因中有自私的本能，这是"实然"。但这并不能推理出人就应该自私，自私是对的，不自私的话这人就是伪君子。事实恰恰相反，正因为我们知道人的本能里存在自私，才会认为无私比自私更伟大。

再比如，按照演化论的观点，人类是经过残酷的自然选择才变成今天这个样子。也就是说，人类之所以很聪明、很灵巧，是因为在漫长的演化过程中，那些不够聪明、不够灵巧的人都被淘汰掉了。这是"实然"。那么，

诸子百家闪耀时

这能不能推理出,我们就"应该"淘汰掉弱者呢?比如在今天,我们就"应该"欺负老弱病残,不给他们足够的吃穿,让他们被"自然选择"掉呢?显然不是。恰恰相反,今天我们会主动分出一部分社会资源,不求报偿地帮助那些"弱者",这是人类社会更文明、更美好的表现,是人类不同于动物的证明。

可是,董仲舒就犯了把"实然"和"应然"混同的毛病。

董仲舒用"阴阳五行"说论证了君王比大臣更高贵。就算他的证明成立,那他描述的也是"实然"。但是,董仲舒从"实然"直接过渡到了"应然",认为既然"君王比大臣高贵",那么就应该"保持君王比大臣更高贵的社会秩序"。这中间的过渡其实毫无逻辑可言,但是董仲舒就是这么生硬地推理过来了。[10]

这一强行过渡不要紧,董仲舒一下子就把统治大帝国的难题给解决了。还记得前面说过的难题吗?

在战国时期,法家把大家族变成了一个个零散的小家庭,于是,到了汉朝,帝王的苦恼就变成了:能不能有什么省钱的办法来控制这些小家庭。

董仲舒给出的方案是：用他的"阴阳五行"说，把百姓对于朝廷的忠诚和家庭中的伦理关系变成同一件事。

具体过程是这样的：

首先，中国古代的农民都是以家族为单位进行集体生产的。在小集体里，"一个人说了算"的制度，效率是最高的。所以，中国古代的家庭讲的都是"晚辈要无条件听从长辈"的家长制。

另外，古代的生产活动主要耗费的是人的体力。男性天生比女性的体力强，因此在经济生产中的地位就更高。再加上古代女性由于生育导致的死亡率很高，这就进一步降低了女性的地位。因此在古代很多文明里，男性的地位要比女性更高，古代中国也不例外。

此外，周朝以来的宗法制度不断强化了长辈比晚辈地位更高，男性比女性地位更高的观念，因此在董仲舒的时代，大部分家庭地位最尊贵的人都是男性长辈。

这时候，如果有一个人告诉这位长辈，长辈比晚辈地位高、男性比女性地位高，这是天经地义的事，这就

是大自然的阴阳关系,这位长辈当然很容易就接受了这个观点。

好,接下来是最重要的一步:董仲舒还告诉他们,长辈和晚辈的阴阳关系、男性和女性的阴阳关系,与君王和臣民的阴阳关系是一样的。

这关键的一步,用术语说叫作"家国同构"。也就是家庭和国家的结构模式相同,它们的本质是一样的。国,就是放大了的家,君王就好比是家庭里的父亲,臣民就好比是他的子女。

有了"家国同构"这个观念,古代的家长们自然就会觉得,效忠于帝王是一件天经地义的事。因为如果不效忠于帝王,阴阳关系就会乱;阴阳关系一乱,家庭关系也乱了,我的儿子不听我的话,我的妻子也不让我做主,那这生活不就全乱了吗?

于是,这位长辈就会自然而然地维护君王的统治,甚至比君王还更迫切。谁敢不忠于君王就会激起他的愤恨,马上拍案而起:"你无父无君,还是个人吗!"

不难发现,上述这套理论的逻辑是非常混乱的。从"儿子必须孝顺父亲"到"臣民必须忠于君王",这其中没有必然逻辑。但是这套理论有个无与伦比的优点——非常容易被百姓接受。

前面说过，把万事万物分成"阴"和"阳"，这是中国古人理解世界最容易的方法。对于一个没有接受过任何教育的古代人来说，让他理解"万事万物都可以分成阴阳两面"，也不是一件难事。

今天，人人都知道什么是"国家"，什么是"法律"，那是因为我们每个人都必须接受义务教育。古代人可没有，对于大部分的百姓而言，"国家"是个非常陌生的抽象概念。帝王怎么管理国家，他过着什么样的生活，甚至当今的帝王是哪位，百姓可能都不知道。

那么，用什么办法能让这些古代的百姓最方便地理解"国家""朝廷"这些陌生的概念呢？

最简单的方法就是拿百姓熟悉的家庭来比附。只需要告诉他们"国"就是放大了的"家"，你自己家是什么样，你就想象"国"是什么样。这么一说，"家国同构"这个看似难理解的概念，百姓一联想就明白了。

总而言之，"家国同构"是让古代百姓效忠朝廷成本最低的方法。它解决了"朝廷如何越过豪强直接控制家庭"

这个当时最大的苦恼。于是，这套"家国同构"的观念，从此就成了古代中国的立国之本，历代帝王都离不开这套观念。

董仲舒本人的哲学水平并不是一流的，但是因为他给后代帝王找到了统治帝国的正确答案，因此在哲学史上留下了重要的位置，甚至可以和孔子、朱熹挤在一起，被儒家学者奉为"宗师"。

"家国同构"的观念给中国文化带来了深远的影响。所以，古人才会把地方官称为"父母官"。古代的官府，也是在用慈父的标准要求官员，要他们"爱民如子"。

从汉代开始，中国古代的帝王更加提倡孝道。

其实早期的儒家学者如孔子和孟子，最提倡的不是"孝"，而是"礼"和"仁"。当时他们认为最重要的几个道德标准是"仁、义、礼、智、信"，这里面并没有"孝"。"孝"只是"礼"下面的一项具体要求。

但是从汉代开始，"孝"被抬到了至高无上的地位。古代的帝王死后会由后来人给这个帝王取一个"谥号"，作为这个帝王一辈子功过得失的概括。前面说过的"汉武帝"，这个"武帝"就是他的谥号。但其实，"武帝"

的真正谥号是"孝武帝",之所以后来省略了"孝"字,是因为汉代的每一个帝王的谥号中都有"孝"字。换句话说,"孝道"是汉朝的治国之本,用古人的话说,叫作"以孝治天下"。

从此,"孝"就成了传统文化中最重要的道德要求。

在我们今天的文化印象里,"孝"要比"仁、义、礼、智、信"通通都高一级。如果一个人不够"仁",没准儿还有人夸他:"心狠手辣是个干大事的!"这人不够"义",没准儿还有人冲他竖起大拇指:"这孩子长大了不吃亏!"

可是,如果有人不"孝"呢?如果这个人打了自己爸爸一巴掌呢?无论是什么人,看到这情景都会跳起来破口大骂:"你个畜生!你不是人!"

因为儒家一向认为,人和人之间的伦理道德是治国之本,因此用孝道来统治国家的方法,也被认为是儒家的主张。

但儒家不是君王唯一的选择。历史经验已经告诉了君王,像法家那样通过耍权谋、用酷刑来获取权力的办法,对自己并不吃亏。那么,为什么不几种方法一起用呢?

于是古代帝王们最后的选择,是儒家和法家并用。

在孔子的主张里,如果有人不好好遵守"礼",解决方案是发展教育,我们得好好说服他。但是从汉代开始,帝王们并不吝于使用酷刑。如果有人不遵守"礼",说教不成可以揍一顿,再不行还可以活活打死。用汉代帝王的话说,这叫作"霸王道杂之"。"霸道"代表的是法家,"王道"代表着儒家,"霸王道杂之"就是法家和儒家都得用。

再往后的帝王们发现,其实法家的这套东西用不着摆在明面上说。法家本来就主张阴谋,藏起来用效果更好。于是帝王们又发展出了"外儒内法"的思路:在公开的场合,只强调儒,强调道德,强调孝道;但是在私底下,可以大肆使用法家的权术和酷刑。

所以,我们在古代常常可以看到这样的景象:在古代的朝堂上,百官个个以道德模范自居,张口闭口都是心系黎民苍生,但是很多人私下里对同僚使尽阴谋诡计,对百姓肆意盘剥。这是古代为官之道的"外儒内法"。

在古代的"基层",一面是官府立起无数的贞节牌坊,年年表彰孝子贤孙;一面是驱使酷吏剥削百姓,是"县官急索租",是"有吏夜捉人",是无数在礼教下哭号的"白

毛女"和"祥林嫂"。所以,鲁迅先生在《狂人日记》里,从满纸的仁义道德中看见了两个字"吃人"。这是古代驭民之道的"外儒内法"。

在今天,我们也经常讲"面子"。人们客套谦让,别人送个礼物还要"别别别,这怎么好意思呢?"可私底下,有些人争权夺利时又毫不手软,甚至振振有词:"无毒不丈夫""吃亏是傻子"。这样的后果,就是导致长辈对晚辈的教育总要分成自相矛盾的两半——先是教育晚辈:"两个水果,你怎么能吃大的呢?你得把大的让给别人!"可没过几天,又教育晚辈:"你这孩子怎么能傻实在呢?记住了,老实人吃亏!"这是百姓处世之道的"外儒内法"。

崇尚孝道和外儒内法,既是这段历史的答案,也成了传统文化里最重要的一部分。

西周末年社会所依赖的秩序崩溃了,直到汉武帝的时候,终于告一段落。这段历史,仿佛是一场漫长的考试。这场考试的考题是:"社会秩序崩溃了怎么办?"主考官是"历史"本人,哲学家们则都是考生。

孔子最先交出了答卷。历史看了看,摇了摇头,认为孔子的答案不对。但是对于其中"人伦礼教"的论述很感兴趣，提起笔记在了自己的小本本上；

墨子交出了答卷。历史也摇了摇头，但是觉得其中"恩仇必报"的侠义精神可圈可点，也记在了自己的小本本上；

孟子交出了答卷。历史同样摇了摇头，但是把"民为贵，君为轻"记在了本子上；

老子交出了答卷。历史还是摇了摇头，但是把"道可道，非常道"记了下来；

韩非子交出了答卷。历史提起笔犹豫了半天，最后还是打了个叉，但是记下了"权术"两个字；

最后交卷的是董仲舒。他斜着身子，偷偷瞄到了其他所有人的试卷，再加上自己的聪明，鼓捣出了正确答案。历史终于露出了满意的笑容，宣布"考试结束"，然后把董仲舒的考卷和小本本上所有的笔记合在一起，摞成了一摞。

这一摞纸，就是这段历史留给我们的哲学遗产。

 知识小结

- 每一代思想家都会总结前人的观点和历史经验，因此同时代不同学派之间的分歧不是很大。汉初的"黄老道家"在"儒、法、道"三家经验的基础上，倾向于宽松的管理政策。
- 汉初的统治者采取"黄老道家"的学说，政策较为宽松，维持了当时的国家稳定。
- 但是，汉初宽松的政策会让地方豪强的势力越来越大，不可持久。最终，汉朝的统治者通过董仲舒倡导的"家国同构"的方式，把"维持家族秩序"同"效忠帝王"联系在一起，通过"推崇孝道"加强了对百姓的控制。
- 汉代除了公开推崇儒家的孝道外，有的帝王和一些官员还私下里使用法家的酷刑和权术，也就是"外儒内法"。

结尾的话

中国古代哲学家们从春秋开始想要"拯救世界"的迷茫，到了西汉终于告一段落。

在这段历史里，中国面临的最大考验是"如何在有限的生产力下，统治一个庞大的农业帝国"。这段时期的思想家、哲学家们基本上都是围绕着这个问题提出各自的主张。到了西汉，得出最后的答案，是"家国同构""推崇孝道"和"外儒内法"。

这个答案，不是某个天才的哲学家直接想出来的，而是古代的中国人通过几百年的战乱，用无数百姓和君王的鲜血总结出来的。可以说，它是古代中国能维持统一的唯一答案，因此西汉之后的古人没有别的选择。

哪怕是贵为一国之君，不管这个君王私底下是不是喜欢佛道，品性是好是劣，但在表面上，他一定要推崇孝道，以儒家模范自居。

哪怕是古代聪明的哲学家，他们想要发现超越世间万物的道理，但是不少人仍然把儒家伦理当成不可置疑

诸子百家闪耀时

的真理,相信"纲常千万年,磨灭不得"。

更不用说那些生活在古代的普通老百姓,他们无法想象没有儒家秩序的世界到底会是什么样子。

所有中国古人都跳不出历史的束缚。但是,你可以。

在今天的世界里,企业让人们可以脱离家族独立谋生,法律保护着每个人的安全和自由,图书馆和互联网可以让人们看到和听到不同的"声音"。你我生活的时代,是整个人类历史里最有条件独立思考的时代。你可以用更冷静的眼光,从更多元的角度,审视祖辈留下的传统,把其中那些好的部分当作祖先的馈赠,把那些不够好甚至是坏的部分看成必须越过的障碍。

我们不需要跪着膜拜,我们可以站着,将传统变得更美好。

回头看来,纵然西汉的哲学家们找到了维持大统一的方案,然而这个方案要以挤压个人的种种权利为代价。无论喜欢还是不喜欢,古人必须生活在这样的环境里,忍受着不得自由的苦恼。

他们未来的出路在哪里呢?

结尾的话

　　为了追求精神的自由和个人的幸福，古代的哲学家们在世俗生活之外，开辟了另一个广阔的世界，他们希望能从这里发现超越尘世的奥秘。

　　我将在下一本书里，和你一起探索这个隐秘的世界。

注　释

第一章　中国哲学的起点：周朝的秘诀

【1】田继周：《先秦民族史》："从商朝都城的分布看，北至河北石家庄，南至河南郑州、偃师，东至泰山，西及太行山，大概都是商朝的直接辖区，也就是它的'王畿'。"第216、217页，成都：四川民族出版社1996年版。

【2】参见周振鹤：《中国地方行政制度史》，第12、13页，上海：上海人民出版社，2005年版。

【3】杨宽：《西周史》："按照宗法制度，周王自称天子，王位由嫡长子继承，称为天下的大宗，是同姓贵族的最高族长，又是天下政治上的共主，掌有统治天下的权力。天子的众子或者分封为诸侯，君位也由嫡长子继承，对天子为小宗，在本国为大宗，是国内同宗贵族的大族长，又是本国政治上的共主，掌有统治封国的权力。"第426页，上海：上海人民出版社，2003年版。

【4】李泽厚:《中国古代思想史论》:"'周礼'是什么？一般公认，它是在周初确定的一整套的典章、制度、规矩、仪节。"第8页，北京：人民出版社，1985年版。

【5】周振鹤:《中国地方行政制度史》:"不但天子授土以后，此土即与天子无涉，就是诸侯将采邑分封给卿大夫后，此采邑也与诸侯无关了，所以《晋语》说：'公食贡，大夫食邑。'食采的大夫在其采邑中也享有君王之尊，采邑内的臣民对其称君，或称主。"第13页，上海：上海人民出版社，2005年版。

第二章　孔子:比一般人更接近"历史真相"的"圣人"

【1】萧公权:《中国政治思想史》:"孔子政治思想之出发点为从周，其实行之具体主张则为'正名'。以今语释之，正名者按盛周封建天下之制度，而调整君臣上下之权利与义务之谓。……正名必藉具体制度为标准。孔子所据之标准，即盛周之制度。"第55页，沈阳：辽宁教育出版社，1998年版。

【2】李泽厚:《中国古代思想史论》:"这就把'礼'以及'仪'从外在的规范约束解说成人心的内在要求，把原来的僵硬的强制规定，提升为生活的自觉理念，把一种宗教性神

秘性的东西变而为人情日用之常,从而使伦理规范与心理欲求溶为一体。'礼'由于取得这种心理学的内在依据而人性化,因为上述心理原则正是具体化了的人性意识。由'神'的准绳命令变而为人的内在欲求和自觉意识,由服从于神变而为服从于人、服从于自己,这一转变在中国古代思想史上具有划时代的意义。"第20、21页,北京:人民出版社,1985年版。

【3】童书业:《先秦七子思想研究》:"'仁'的最基本定义是'爱人'""最广义的'仁',就是人道。"第14、17页,济南:齐鲁书社,1982年版。

【4】余英时:《论天人之际:中国古代思想起源试探》:"孔子从开始便把'仁'当作'礼之本'而提出的,最后则发展出一套'仁'内而'礼'外的儒学系统。所以严格地说,'仁'与'礼'在概念上虽可以分开讨论,但在实践中却无往而不浑然一体。"第92页,北京:中华书局,2014年版。

【5】童书业:《先秦七子思想研究》:"'礼'不是固定的,可以斟酌情形,适当改变;但'礼'还是有一定标准的,不合标准,就不能改变。"第21页,济南:齐鲁书社,1982年版。

【6】萧公权:《中国政治思想史》:"孔子之理想君子,德成位高,非宗子之徒资贵荫,更非权臣之仅凭实力。"第66页,

沈阳:辽宁教育出版社,1998年版;童书业:《先秦七子思想研究》:"'君子'本是阶级的名词,就是贵族;但孔子所谓'君子',许多已是人格的名词,就是好人。"第25页,济南:齐鲁书社,1982年版。

【7】徐复观:《中国人性论史·先秦篇》:"孔子打破了社会上政治上的阶级限制,把传统的阶级上的君子小人之分,转化为品德上的君子小人之分,因而使君子小人,可由每一个人自己的努力加以决定,使君子成为每一个努力向上者的标志,而不复是阶级上的压制者。使社会政治上的阶级,不再成为决定人生价值的因素,这便在精神上给阶级制度以很大的打击。"第59页,北京:九州出版社,2014年版。

【8】陈来:《古代宗教与伦理:儒家思想的根源》:"因此,殷商和西周世界观的重要区别,不在于商人是否以'天'为至上神,因为如果'天'只是有人格的'皇天震怒'的天,那么在信仰实质上,与'帝'的观念并无区别。事实上,在许多文献中二者是等同的,或可以互换的,很难明确分别。商周世界观的根本区别,是商人对'帝'或'天'的信仰中并无伦理的内容在其中,总体上还不能达到伦理宗教的水平。而周人的理解中,'天'与'天命'已经有了确定的道德内涵,这种道德内涵是以'敬德'和'保民'为主要特征的。天的

神性的渐趋淡化和'人'与'民'的相对于'神'的地位的上升，是周代思想发展的方向。用宗教学的语言来说，商人的世界观是'自然宗教'的信仰，周代的天命观则已经具有'伦理宗教'的品格。"第168页，北京：生活·读书·新知三联书店，1996年版。

【9】崔大华：《儒学引论》："孔子的天命观与周人不同，'天命'不再是对某种具有人格神性质的实在的虔诚的信仰对象，而是一种虽为人的力量无法驾驭改变，但却可理性地认识，体悟的对象。"第25页，北京：人民出版社，2001年版。

【10】梁漱溟：《中国文化要义》："以我所见，宗教问题实为中西文化的分水岭。中国古代社会与希腊罗马古代社会，彼此原都不相远的。但西洋继此而有之文化发展，则以宗教若基督教者作中心；中国却以非宗教的周孔教化作中心。后此两方社会构造演化不同，悉决于此。周孔教化'极高明而道中庸'，于宗法社会的生活无所骤变（所改不骤），而润泽以礼文，提高其精神。中国遂渐以转进于伦理本位，而家族家庭生活乃延续于后。西洋则以基督教转向大团体生活，而家庭以轻，家族以裂，此其大较也。"第46页，上海：上海人民出版社，2005年版。

【11】余英时：《论士衡史》："中国思想的最可贵之处则

是能够不依赖灵魂不朽而积极地肯定人生。立功、立德、立言是中国自古相传的三不朽信仰,也是中国人的'永生'保证。这一信仰一直到今天还活在许多中国人的心中。我们可以毫不迟疑地说,这是一种最合于现代生活的'宗教信仰'。提倡科学最力的胡适曾写过一篇题为《不朽——我的宗教》的文章,事实上便是中国传统不朽论的现代翻版。根据中国人的生死观,每一个人都可以勇敢地面对小我的死亡而仍然积极地做人,勤奋地做事。人活一日便尽一日的本分,一旦死去,则此气散归天地,并无遗憾。这便是所谓'善吾生所以善吾死'。"第121页,上海:上海文艺出版社,1999年版。

第三章 墨子:站在孔子对面的"平民代表"

【1】韦政通:《先秦七大哲学家》:"孔孟率领着他们的弟子,周游各国,俨然形成了一个新的士人集团,他们所以能不耕而食,是因为他们依附着拥有权势的上层社会。墨子对这群戴章甫、穿儒服的士,没有好感,他和他的门徒仍多靠原来的贱业,以维持生活,这使墨子比孔孟又多一层困境。"第109页,南京:江苏教育出版社,2006年版。

第四章　孟子：用爱征服世界的"仁者"

【1】李泽厚:《中国古代思想史论》："不能把'仁''义''礼''智''圣'这些道德品格当作服从外在的'命',而应该当作内在的'性'。尽管孟子也讲'天命''命也',却更着重于'立命''正命',它表现了由神意天命的他律道德向'四端''良知'的自律道德的转换。"第48页,北京:人民出版社,1985年版。

【2】劳思光:《新编中国哲学史·一卷》："孟子所欲肯定者,乃价值意识内在于自觉心,或为自觉心所本有。但此所谓内在或本有,并非指发生历程讲。若就发生历程讲,则说'性善'时,即将指实然之始点为价值意识所在。换言之,将以为人在初生时(实然始点)为'善'。此自不可通。误解孟子理论者每每如此讲。其实此非孟子之意。孟子欲肯定价值意识为自觉心所本有,只能就本质历程讲。"第120、121页,桂林:广西师范大学出版社,2005年版。

【3】崔大华:《儒学引论》："孟子对人的道德行为的人性根源的论证,从逻辑上看是很脆弱的,他把人生活中的道德的社会现象与生理、心理的自然现象完全混同起来。"第50

页,北京：人民出版社,2001年版。

【4】参见：劳思光：《新编中国哲学史·一卷》："'持',定守之谓,赵注所谓'正持'也。'暴',指'乱'而言。欲以志帅气,则必须一面定守其志,一面勿使其气暴乱。换言之,欲以德性统摄生命情意,则须一面使价值自觉澄定,一面不纵其生命情意,免使至于肆而乱也。"第127页,桂林：广西师范大学出版社,2005年版。

【5】童书业:《先秦七子思想研究》:"'浩然之气'就是正气,它是从人的善性出发的,这个气如果'直养而无害',就能'塞于天地之间','与天地同流'。换句话说：宇宙就是我心了。"第105页,济南：齐鲁书社,1982年版。

【6】李泽厚：《中国古代思想史论》："很明显的是,孟子强调的正是凝聚了理性的感性。人是凭着这种'集义而生'的感性（'气'）而与宇宙天地相交通,这也就是孟子所再三讲的,'存其心,养其性,所以事天也''夫君子所过者化,所存者神,上下与天地同流'等等。它就是为孟子所首倡而后到《中庸》再到宋明理学的儒学'内圣'之道。"第51页,北京：人民出版社,1985年版。

第五章　老子:"佛系"拯救者

【1】陈鼓应:《老庄新论(修订版)》:"老子说:'有物混成,先天地生。''道'这个实存体,不仅在天地形成以前就存在,而且天地万物还是它所创生的。"第141页,北京:商务印书馆,2008年版。

【2】牟宗三:《中国哲学十九讲》:"道家所说的'自然',不是我们现在所谓自然世界的自然,也不是西方所说的自然主义 Naturalism。……道家讲的自然就是自由自在、自己如此,就是无所依靠、精神独立。精神独立才能算自然,所以是很超越的境界。"第71页,上海:上海古籍出版社,2005年版。

【3】陈鼓应:《老庄新论(修订版)》:"'道'创生万物以后,还要使万物得到培育,使万物得到成熟,使万物得到覆养('长之、育之;亭之、毒之;养之、覆之')。从这里看,'道'不仅创生万物就完事了,它还要内附于万物,以畜养它们,培育它们。"第142页,北京:商务印书馆,2008年版。

【4】李泽厚:《中国古代思想史论》:"'反者道之动。'这句话大概最简要地概括了《老子》的'道'的主要内容。即在运动中相反相成的对立项相互转化。"第92页,北京:人

民出版社，1985 年版。

【5】牟宗三：《中国哲学十九讲》："无的境界就是虚一静，就是使我们的心灵不粘着固定于任何一个特定的方向上。"第 75 页，上海：上海古籍出版社，2005 年版。

【6】劳思光：《新编中国哲学史·一卷》："万物运行，皆时时走向'反'。故一切存在皆在自身否定之过程中。故人若欲勉强斗力，则不论所拥有之力如何庞大，其运用结果必是由盛而衰。倘不斗力，而自守于柔弱，则唯静观盛者之衰，而自身无所谓衰。"第 183 页，桂林：广西师范大学出版社，2005 年版。

【7】张岱年：《中国哲学大纲》："最早的本根学说是老子庄周的道论，庄子以后，战国末及汉代言道者甚众，于是到后来'道'字乃变为本根之代名。"第 38 页，南京：江苏教育出版社，2005 年版。

第六章　法家：拯救世界的新办法

【1】萧公权：《中国政治思想史》："法有广狭二义，与礼相似。狭义为听讼断狱之律文，广义为治政整民之制度。"第 104 页，沈阳：辽宁教育出版社，1998 年版。

【2】杜正胜:《编户齐民:传统政治社会结构之形成》:"封建制到郡县制转型之际,军队长官亦兼民政首长,具有文武双重身份和任务。"第129页,台北:联经出版事业公司,1990年版。

【3】杜正胜:《编户齐民:传统政治社会结构之形成》:"各国闾里什伍制大抵是春秋中晚期以下军政改革的结果。……齐国的什伍制在春秋晚期以前已建立……逮乎战国时代,各国的闾里普遍都部署什伍了。"第133页,台北:联经出版事业公司,1990年版。

【4】阎步克:《士大夫政治演生史稿》:"就其内容看,秦律决不仅仅是刑律,其中兵刑钱谷、考课铨选无所不及;相当大的一部分,如杨宽所说是'官府统治上需要的各种规章制度'。它们达到了相当可观的细密程度——从劳绩之考课,到徭役之征发;从新故官员之交接,到府库财货之出入;小至斗之衡定、火之预防、锦履之禁、版书之材、传食之差等,公器之标识,大抵皆有可循之规章,有必遵之条文。秦律中包括着帝国政府的主要行政规程,用以处理官府、官吏之间及其齐民之间的各种关系、各类事务。……它给学人以如下感受:'《秦律》的律篇之多,篇中的律条之细,充分说明了《秦律》的指导思想是企图把社会的各个侧面,以及每个侧面

的细部都纳入法律范围，而不应有不利于社会和危害社会的行为遗脱于法律制裁之外。这正是商鞅以法为社会支撑点的法治思想的再现。"第233、234页，北京：北京大学出版社，1996年版。

【5】牟宗三：《中国哲学十九讲》："商鞅有法而无术，所以死得很惨。申不害因此而有感于'术'的重要，所以提出'术'的观念来。"第134页，上海：上海古籍出版社，2005年版。

第七章　董仲舒：发现历史答案的"宗师"

【1】[日]鹤间和幸著，马彪译：《讲谈社·中国的历史：始皇帝的遗产：秦汉帝国》："此文书以马、船传送，送信距离五千一百四十六里，按文书的计算：每天行八十五里，行六十天后尚余四十六里。在当时，一里约四百米，若按日行三十四公里计算，总距离为二千零五十八公里。相当于从咸阳至南郡的直线距离四百公里的五个往返的行程。若以马送信，日行八十五里，约三十四公里。由张家山汉简《行书律》可知：若以昼夜邮送的话，日行二百里（约八十公里）。从咸阳至南郡，若使用特快邮件的话，要一个星期；一般邮件的话估计大概需要十至二十天。附带一提的是：汉代的诏书从

长安送至敦煌需要五十天。"第 46 页，桂林：广西师范大学出版社，2014 年版。

【2】程念祺：《国家力量与中国经济的历史变迁》："秦朝与天下为敌，其根本原因，就在于它所必须的制度费用，远远超出了当时社会的承受能力。"第 20 页，北京：新星出版社，2006 年版。

【3】陈苏镇：《〈春秋〉与"汉道"：两汉政治与政治文化研究》："从秦国变法图强的历史中我们看到，秦法虽是从魏国引进的，但基本符合关中民俗的特点与需要，因而最终为关中百姓所接受。"第 65 页，北京：中华书局，2011 年版。

【4】陈苏镇：《〈春秋〉与"汉道"：两汉政治与政治文化研究》："同样的'法律令'，被推广到政治发展水平不同的地区，必然产生不同的反应。关中秦人本来就在由秦法构成的秩序及相应的政治文化环境中生活，不会有明显的异样感觉。魏、韩人不过是又经历了一次更彻底的变法。赵、齐、燕人有'秦法重'之怨言，反应比魏、韩来得强烈。楚人则'苦'不堪言，必亡秦复楚而后快。""我们认为，由文化差异与冲突引起的楚人对秦政的反感，及齐、赵等地人民对楚人反秦战争的同情，是导致秦朝灭亡的重要原因。这一事实后来逐渐被'天下苦秦'之说淹没了。"第 37 页，北京：中华书局，

2011年版。

【5】陈苏镇:《〈春秋〉与"汉道":两汉政治与政治文化研究》:"刘邦、萧何得以步秦后尘再建帝业,又能避免重蹈亡秦覆辙,原因之一是他们吸取了秦朝的教训,不急于整齐习俗、统一文化,在完成对全国的军事征服和政治统一之后,便暂时停住脚步,接受和容忍不同习俗并存的局面,针对不同地区实行不同的政策,在秦、韩、魏等西部地区设郡县'奉汉法以治',在赵、燕、齐、楚等东部地区则立王国,允许诸侯王在一定范围内制定和颁布本国的政策法令,依靠本国士人在一定程度上'从俗'而治。在统一战争刚刚结束、文化上的战国局面依然存在、东方各地特别是楚齐赵地的文化传统仍有很大势力的情况下,将承秦而来的汉朝法律强行向全国推广,仍有激起东方社会反抗的危险。而郡国并行制正可起到缓解东西文化冲突的作用。西汉能成功地避开亡秦覆辙,将帝国的统治巩固下来,与此不无关系。"第106、107页,北京:中华书局,2011年版。

【6】李泽厚:《中国古代思想史论》:"文化人类学的材料说明,在任何原始社会的神话里都可以分析出其中主要结构是以正负两种因素、力量作为基本动力、方面或面貌。"第161页,北京:人民出版社,1985年版。

【7】张岱年：《中国古典哲学概念范畴要论》："'阴阳'本指物体对于日光的向背，向日为阳，背日为阴。"第537页，石家庄：河北人民出版社，1996年版。

【8】李存山：《中国传统哲学纲要》："据《尚书大传》，'水火者，百姓之所饮食也；金木者，百姓之所兴作也；土者，万物之所资生也。是为人用。''五行'即人们生活中所必需的五种实用之物。"第4页，北京：中国社会科学出版社，2008年版。

【9】李泽厚：《中国古代思想史论》："五行'相生''相胜'的序列关系看来也来源于生活经验。例如木可生火(木生火)、火后有灰烬（火生土），矿石原料来自地下（土生金），金属遇冷则有水露(金生水)，水能滋长梢物(水生木)以及水灭火，火冶金，金伐木，木犁破土，筑堤御水等等，体现的正是在日常社会生活中它们在性质上和功能间的相互关系和联系。"第163页，北京：人民出版社，1985年版。

【10】劳思光：《新编中国哲学史·二卷》："董仲舒所言之'天道'与'天象'，或为形上意义之规律，或为经验意义之事实，本身不能涉及价值问题。但董仲舒则将'应天'当作最高价值原则，此乃思想上一大混乱。"第29页，桂林：广西师范大学出版社，2005年版。